Reinvente sua Refeição

Reinvente sua Refeição

Desacelere, saboreie o momento
e reconecte-se ao ritual de comer

Pavel G. Somov

Tradução
Júlio de Andrade Filho

Copyright 2014 © Pavel G. Somov

COORDENAÇÃO EDITORIAL	Luciana Paixão
PREPARAÇÃO	Rosamaria G. Affonso
REVISÃO	Rinaldo Milesi
PROJETO GRÁFICO	Ana Dobón
IMAGEM DE CAPA	Kpatyka (Shutterstock)

CIP-BRASIL. CATALOGAÇÃO NA PUBLICAÇÃO
SINDICATO NACIONAL DOS EDITORES DE LIVROS, RJ

S68r
   Somov, Pavel G.
     Reinvente sua refeição: desacelere, saboreie o momento e redescubra o ritual de comer / Pavel G. Somov; tradução Júlio de Andrade Filho. - 1. ed. - São Paulo: Tapioca, 2014.
     272 p.; 21 cm.

     Tradução de: Reinventing the meal
     ISBN 978-85-67362-03-8

     1. Nutrição. 2. Culinária. 3. Gastronomia. I. Título.

14-12260   CDD: 641.5
                                                                               CDU: 641.5

2014
Todos os direitos desta edição reservados à
Pioneira Editorial Ltda.
Av. Rouxinol, 84 – cj. 114
04516-000 São Paulo – Brasil
Tel. 55 (11) 5041-8741
contato@edicoestapioca.com.br
www.edicoestapioca.com.br

*Para minha mãe, Irina, que alimentou o meu corpo
e me ensinou o amor, e ao meu pai, Georgy, que
alimentou a minha mente e me ensinou a liberdade.*

sumário

Prefácio 9

Introdução: Fuja da circularidade 13

1. Quando a roda da alimentação começou a girar 23

2. Primeiro prato: Reconectando-se com seu corpo 41

3. Segundo prato: Reconectando-se com sua mente 77

4. Terceiro prato: Reconectando-se com seu mundo 97

5. Reivindicando as calorias 119

6. Reinventando a refeição oryoki 127

7. Reinventando a sobremesa 139

8. Reinventando o jejum 153

9. Reconsiderando a refeição ahimsa 171

10. Reconciliando a refeição social com a alimentação consciente 191

11. Repensando a obesidade 205

12. Reinventando a iconografia de comer 221

13. Reinventando as espécies 233

Conclusão: A sapiência do comer 259

Referências 263

prefácio

Os comportamentos robóticos e a mentalidade fixa que orientam os hábitos alimentares diários e os rituais das refeições estão tão profundamente arraigados em nossa vida – pessoalmente, psicologicamente, socialmente e culturalmente – que eles muitas vezes desafiam as tentativas de reformulá-los ou de modificá-los. Quantas vezes, por exemplo, você já ouviu falar que é melhor não assistir à tevê e comer ao mesmo tempo, porque a distração faz com que você coma sem pensar? Mas você consegue mudar o seu comportamento?

Aqui está outro exemplo: há certos alimentos que você tende a comer e outros que procura evitar? Você se lembra da primeira vez que realmente, de verdade, gostou de alguma coisa que comeu? E sobre aquela primeira vez que comeu uma uva ou a primeira vez que experimentou uma ervilha? O fato de eu mencionar esses alimentos agora provavelmente traz um grupo bem estabelecido de pensamentos ou lembranças sobre uvas ou ervilhas como algo de que você "gosta" ou "não gosta" – um sabor que você pode achar "agradável" ou "desagradável". É normal que, em algum momento após esses primeiros instantes em que saboreamos novos alimentos durante a infância, passemos a desenvolver conjuntos de regras ou conceitos sobre de que modo consumir vários alimentos. Mas se você realmente parou de degustar a maioria das suas comidas há muito tempo, como começar a saboreá-las novamente? É possível redescobrir o ato de se alimentar?

Este é o desafio especial de uma alimentação consciente: ser capaz de se libertar de hábitos irracionais arraigados e experimentar as coisas como elas realmente são, inclusive a verdadeira sensação de fome, da consciência dos sabores e das inúmeras lembranças e emoções que surgem enquanto você come, e também ser capaz de estar presente a cada momento que se apresente – ou bocado de comida que se apresente, conforme for o caso. O ato de comer pode servir como um processo sagrado que vai despertá-lo para todos os aspectos da vida e todas as conexões que a vida criar. Esse despertar – ainda que ínfimo – para a verdadeira natureza dos alimentos, do ato de comer e de sua própria participação na cadeia alimentar não é um feito pequeno.

Como antigo profissional e autor no campo da alimentação consciente, eu raramente deparei com escritos que iluminem claramente o que está no cerne de toda a prática da atenção plena: o despertar da possibilidade e a possibilidade do despertar. Pavel Somov acabou por conseguir isso de uma maneira que é ao mesmo tempo surpreendente, poderosa, inovadora e eficaz. Em *Reinventando sua refeição*, ele apresenta um novo paradigma para o ato de comer, servindo um cardápio bastante diversificado e recheado com anedotas apetitosas; um guisado saboroso de pesquisas científicas fascinantes, sabedoria antiga e práticas alimentares conscientes bem realistas; e uma sobremesa deliciosa de humor irônico. Ao fazer isso, ele estende os limites da alimentação consciente, proporcionando abordagens que podem ajudar as pessoas a sair de estilos de se alimentar limitantes e hábitos antiquados de ver a si mesmos e ao mundo. Não importa o quanto você possa se sentir preso, este livro vai metaforicamente limpar o seu paladar, o que lhe permite começar de novo – com um prato vazio e, mais literalmente, uma mente vazia de preconceitos sobre os alimentos.

Este livro oferece métodos inovadores para encontrar a paz nas refeições, convidando à autorreflexão, e a se reconectar com a sacralidade da natureza. Em sua busca para reinventar a refeição, Pavel realiza uma exploração independente, que inclui conceitos como *oryoki*, uma secular meditação japonesa na hora da refeição, e *ahimsa*, o conceito hindu de não causar danos, trazendo um ponto de vista do século XXI a essas antigas práticas. E por que não? Nós precisamos muito abraçar e transcender velhas fórmulas como um meio de descobrir novas modalidades de expressão.

Pavel não suaviza as realidades do ato de comer, e ele se recusa a ser limitado por conceitos atuais. Em vez disso, dá um salto imaginativo e explora os modelos antigos das refeições para inventar uma rica e nova receita a fim de que possamos novamente entender a importância do comer. Ele pede que, em vez de abrir a boca, você abra a mente. Prepare-se para ser desafiado (eu sei, eu fui!) enquanto *Reinventando sua refeição* habilmente leva você à autoinvestigação profunda à essência da atenção plena em seu comportamento. Este é um livro provocador e corajoso que descasca continuamente camada após camada da cebola, recusando-se a se contentar com respostas fáceis.

Como este livro atesta, sua próxima refeição – e a próxima, e a próxima – oferece uma oportunidade extraordinária. Você está prestes a embarcar em uma viagem que afirma que o ato fundamental do viver e a luz do despertar consciente são inseparáveis. Antes de se lançar a essa aventura, abra sua mente, e você nunca mais abrirá a boca da mesma maneira. E isso só pode ser benéfico.

— Donald Altman
Autor de *One-Minute Mindfulness* e *Meal by Meal*

introdução

Fuja da circularidade

*Um dos mais interessantes sistemas nervosos primitivos
é encontrado na estrela-do-mar. Aqui há um anel simples
de células nervosas em torno da boca central, com
ramificações nervosas em cada braço. Como as estrelas-
do-mar podem fisicamente se arrastar em qualquer
direção, é claro que esse sistema nervoso evita uma
anarquia de braços quando o alimento está disponível...
O anel da boca diz aos músculos, por assim dizer, para
onde ir e conseguir o alimento.*

— Weston La Barre, *The Human Animal*

Meu pai, que já foi um hooligan russo das ruas e por adaptação
se transformou em um prolífico ghostwriter e jornalista soviético, enquanto um dia estava pensando em algo à mesa da
cozinha (o seu lugar favorito para escrever "porque o sol é
muito bom aqui"), comentou em voz alta: "Ninguém *inventou*

a roda! Isso somente aconteceu por si mesmo". Lembro-me distintamente daquele momento. Percebi que, por vezes, as coisas simplesmente são o que são. Mas eu nunca tive certeza do que ele pretendia dizer com isso, literalmente. Ele estava se referindo ao circo da propaganda sobre a vida no mundo soviético, à metamorfose cíclica da "matéria viva" no começo do Universo ou sobre a rotina de hamster que vivemos no dia a dia enquanto rodamos – no piloto automático – sem ver os tesouros dos momentos eternos? Ou talvez ele estivesse simplesmente se referindo à deslumbrante e ardente roda do sol que ilumina a nossa existência.

Essa imagem concisa de uma roda eterna e não inventada ficou comigo ao longo dos anos. Mas naquela época eu era jovem demais para aceitar a realidade em seu mistério inexplicável. Vindo a pensar sobre isso, eu ainda sou jovem, existencialmente falando, e continuo correndo como um tolo errante na tentativa de reinventar cada roda que vejo. Quer dizer, mais ou menos trinta anos depois que isso aconteceu, estou eu aqui sentado em uma mesa de cozinha, sim, eu mesmo (meu lugar favorito de escrita também, onde quase nunca o sol é bom) pronto para escrever uma obra sobre a consciência ao se alimentar – mais um dos muitos livros no mundo –, com uma promessa de nada menos do que *reinventar a refeição*. A roda da minha mente ainda está girando...

Embora, à primeira vista, o objetivo do livro seja despertar aquele que se alimenta como um zumbi, o objetivo mais amplo é explorar o ato de comer como uma plataforma para a meditação e a mudança social. Nas páginas que se seguem, vou abrir a porta para tentar reconceituar a atividade de comer por meio de uma mistura eclética de psicologia, filosofia, fisiologia e espiritualidade. Vou reformular a arquitetura clássica dos três pratos de uma refeição não apenas para redirecionar o foco para a comida que se encontra à nossa frente, mas, o mais importante, para focar naquele que está se alimentando. Vou me esforçar para transformar a aparente trivialidade de uma refeição em um evento holístico de cuidado pessoal. E então – como se estivesse totalmente desprovido de qualquer senso comum – olharei para o futuro mais distante da alimentação do homem, para a possibilidade de existir a fotossíntese humana. Você pode chamar essa ideia de absurda ou de ficção científica, mas vou desafiá-lo a sonhar com uma maneira mais humana de se tornar... humano.

Nós estamos vivenciando um começo instável neste nosso século XXI. Temos cada vez mais capacidade para nos comunicar, porém tendemos a nos concentrar principalmente em nossas diferenças. Cada vez mais individualizados, continuamos a perder de vista a nossa identidade e a cair na mesmice. A consciência na hora de se alimentar é a nossa salvação! Comer sempre foi e sempre será o nosso primeiro e mais importante denominador comum. A meu ver, a alimentação consciente é talvez a influência mais eficaz para a difusão de significado e de compaixão em nosso projeto humano compartilhado, que é o da existência e, possivelmente, pode significar a nossa salvação como espécie.

Pode me chamar de ingênuo, mas acredito que a mudança global e a coexistência pacífica podem surgir de algo tão simples como o hábito de comer. Seria bom você começar a reconhecer que neste Universo, que ainda obedece à segunda lei da termodinâmica e que não conhece "almoço grátis" (quando falamos em energia), *comer é destruir*. A maneira como realizarmos esse ato – com graça, moderação e compaixão, ou negligentemente, sem empatia e além da proporção – informa o resto do nosso comportamento vivente. Será que nós – como a estrela-do-mar – podemos ser guiados pelos anéis ao redor de nossa boca, ou iremos, como filhos do sol, feitos de poeira estelar, procurar nos alimentar de modo mais esclarecido? Convido vocês a apertar com uma chave inglesa essa grande engrenagem que nos leva a comer de forma irracional e sem sentido. Eu o desafio a reinventar a refeição!

Um amuse-bouche para interromper o padrão

Um *amuse-bouche*, que numa tradução literal em português seria tira-gosto, que por sua vez vem do francês "agradar a boca", é uma miniatura de aperitivo. Nada mais do que uma pirueta culinária artística e nada menos do que um *haiku* gustativo, um *amuse-bouche* provoca expectativa e concentra a mente na perspectiva de comer. Como tal, um *amuse-bouche* é um dispositivo de focalização da atenção, um condicionamento da mente e uma mobilização elegante da presença. Contudo, o mais importante, ele é um destruidor impiedoso das expectativas! De fato, um *amuse-bouche* habilmente executado explode noções preconcebidas e abre a mente do comensal para novas possibilidades de degustação. Assim, um *amuse-bouche* pode tanto provocar o paladar quanto abrir a mente.

Nas seções *amuse-bouche* de todo este livro, eu o convido a uma série de meditações alimentares projetadas em porções pequenas para ajudar você a esvaziar a mente de noções preconcebidas sobre comer mesmo antes de preenchê-la com novas ideias. O objetivo é nada menos do que limpar o paladar de sua mente. Eu cozinhei quase setenta desses saborosos bocados para sua mente – quebra-cabeças para a mente, a fim de ajudá-lo a repensar o significado de se alimentar. Desfrute de dois ou três desses diariamente. Eles vão ajudá-lo na prática de abrir a mente antes de abrir a boca.

– Comer é ioga –

A raiz sânscrita da palavra "ioga" significa "jugo, união". Portanto, a ioga é literalmente *união*. Na verdade, toda a sua existência é ioga. Você é feito deste mundo. Você depende deste mundo. Se este mundo acabar – local ou globalmente –, você acaba também. Não há autossuficiência absoluta, e, portanto, nenhum meio de se manter sozinho. Toda separação é relativa, um truque da mente. Então, livre-se desse truque em sua próxima refeição. Reconheça que você não está *separado* deste mundo, mas sim *que é uma parte* dele. Comer, assim como respirar, o faz relembrar dessa união. Como tal, comer é ioga; comer *unifica*. E sua mesa de jantar é um tapete de ioga para a sua mente. Hospede-se no *asana* em que está. Quando for comer, coma.

– Comendo a Terra, tornando-se a Terra –

Tudo aquilo do que você é feito esteve aqui o tempo todo – oxigênio, água, gorduras, proteínas, carboidratos, enzimas e infinitas outras moléculas e elementos. Em um nível mais fundamental, você é feito da Terra. Conforme você come, você está comendo a Terra. Conforme você come, você está se tornando a Terra. Como é feito da Terra, então também será a Terra. A Terra está se comendo, com gosto, numa espécie de autocanibalismo. Se isso soa perverso, eu lhe darei outra informação. Não é tão ruim quanto parece. Você está familiarizado com o ourobouros, aquele antigo símbolo de uma cobra comendo o próprio rabo? Comer é um dos ciclos da vida. O Universo como um todo está estudando seu próprio eu, perseguindo a própria cauda, saboreando-se por meio de cada bocado em que se investiga. Então coma e conheça a si mesmo.

— Um estômago cheio de sujeira e detergentes —

Tudo o que nós comemos antes era sujeira – e sem dúvida ainda é sujeira, apenas configurada além do nosso reconhecimento. De fato, as enzimas digestivas humanas podem literalmente acabar com a sujeira, razão pela qual essas enzimas são imitadas em alguns detergentes para a roupa: "para 'comer' a sujeira das roupas" (*Readers Digest* 2002, 9). Dado que temos um estômago cheio de detergentes naturais, não é de admirar que sejamos capazes de comer bolos de lama. Meu motivo para dizer isso? Quando digo que nós somos feitos da Terra, que comemos a Terra e que nós nos tornamos a Terra, não estou sendo metafórico. Nós somos literalmente a própria Terra, que está perfeitamente equipada para seu autoconsumo. Nosso estômago cheio de sujeira (alimentos) e detergentes (enzimas) é uma evidência dessa circularidade do ato de comer. A roda da alimentação, por onde quer que vá, percorre uma estrada de terra.

— Comer é saber —

Comer era a ciência original, o estudo original do meio ambiente. As crianças, assim como as formas de vida primordiais, aprendem sobre a realidade colocando-a na boca. Esse conhecimento bucal não conhece abstrações. O mundo é doce ou amargo, liso ou espinhoso, agradável ou desagradável. Esse aprendizado bucal vem com uma certeza visceral. Então, o ato de comer é, literalmente, um ato de saber. Mas saber o quê? É distinguir o eu do não eu. O conhecimento bucal nos ensinou os limites do nosso corpo. Quando ainda éramos bebês, sugávamos um objeto, como uma chupeta, e sentíamos esse objeto só de um lado, do lado da boca. Quando sugamos os polegares, nós os sentimos apenas do lado de fora, pela boca, e do lado de dentro, pela sensação do polegar sendo sugado. Então, esse conhecimento adquirido pela boca – ao contrário do conhecimento adquirido mais tarde na escola – nos deu um vislumbre de nossa natureza paradoxal: que, de algum modo, somos as duas coisas, o sujeito e o objeto de nossa própria experiência.

Nós demos à nossa espécie o nome de *Homo sapiens*. Esse nome faz muito sentido. A palavra *sapiens* vem do latim, e é usada tanto para "conhecer" quanto para "saber". Sim, somos animais sábios, animais que sabem. Mas você sabe o que isso significa, o saber? Saber é poder distinguir qualquer "isto" de qualquer "aquilo". Assim, o saber é sempre dualista. Porque saber é classificar a realidade em "isto" e "aquilo". Nossa dualidade mais fundamental é a do eu e do outro, ou do ego e do eco. Conforme o antropólogo Weston La Barre escreveu: "A sabedoria de um organismo é o seu ambiente" (1954, 3). Então, provar é saber, é conhecer. Mas provar é também tocar. O toque foi o primeiro sentido evolutivo. Os seres vivos conheciam e aprendiam sobre a realidade por tocá-la, isto é, por saboreá-la. Sabíamos a diferença entre o eu e o não eu pelo ato de comer. E então reflita sobre esse conhecimento, sabedoria ou aprendizado do ato de comer: comer é aprender.

– O alimento do corpo é o alimento da mente –

"Os vermes são basicamente cegos", escreveu William Logan em seu livro *Dirt: The Ecstatic Skin of the Earth*. "Eles enxergam por meio da comida... Um verme é um longo intestino" (1995, 148). Um tubo vivente literal, os vermes rastreiam as polaridades frio/calor e molhado/seco e se movem desde a fome mínima até o máximo da saciedade ao processar a informação do solo ao comê-lo. A comida do corpo do verme é a comida de sua mente.

O mesmo é verdade para você, caro leitor – apenas em um nível mais sofisticado. A palavra "organismo" deriva da palavra grega *organon*, que significa "ferramenta" ou "instrumento" (um órgão musical é um instrumento para tocar música, e órgãos do corpo são instrumentos para fins específicos, como o fígado é um instrumento para a filtragem do sangue). Assim, o corpo é um instrumento para o processamento de informações, quer isso signifique ler esta frase (alimento para a mente), quer signifique morder uma maçã (alimento do corpo). Comer é saber. Conseguiu alimentos para a mente? Então, mastigue.

– Sujeira sábia, solo humilde, terra inteligente –

Homo sapiens – como conseguimos um nome tão lindo e sábio para batizar a nós mesmos. Nosso primeiro nome (gênero), *Homo*, tem suas raízes no solo. A palavra "homo" está relacionada com as palavras "húmus", "humilde" e "humildade", as quais significam "sujeira" ou "terra". Nosso "sobrenome" (espécie), *sapiens*, tem a sua origem no verbo *sapere*, do latim, que tem dois significados: "saber" e "experimentar". Então aqui estamos: Sujeira sábia, solo humilde, terra inteligente. Quando você se sentar para outra refeição, lembre-se de que você é a Terra, de que você está comendo a Terra, de que está prestes a se tornar a Terra enquanto a come. Partilhe isso com sapiência, humildade e autoconhecimento.

– Hora de abanar a cauda, peixe! –

Você sabia que há não muito tempo, você (sim, você!) tinha uma cauda? Eu não estou falando sobre a evolução, mas me referindo à sua própria história embrionária. Na gestação, por volta das quatro semanas e meia, quando ainda não conhecia o ar e vivia como um peixe em meio ao líquido amniótico na barriga de sua mãe, você tinha uma cabeça enorme, como a de um girino, e uma cauda – e se assemelhava a "um animal pré--histórico" (Nilsson 1990, 80). Então deixe que lhe pergunte o seguinte: O que teria sido diferente sobre suas escolhas alimentares, "humano", se você não tivesse perdido sua cauda? Tempo para uma abanada consciente do rabinho, peixe humano!

– Ninguém come sozinho –

Comer é sempre uma tarefa comunitária. Mesmo aqueles que o fazem de maneira solitária não estão comendo sozinhos. Quando come, você está acompanhado por uma miríade de bactérias amigáveis. Grande parte de sua digestão é literalmente terceirizada por legiões de soldados digestivos que vivem, trabalham e morrem dentro de você para ajudá-lo a viver. Dedique um momento para reconhecer as bocas invisíveis que o estão ajudando a digerir a comida que você ingere.

– Você está alimentando um mundo –

Quando você come, não está se alimentando sozinho. Você é palco de inúmeras vidas. Trilhões e trilhões de micróbios, ácaros e até mesmo parasitas vivem aí dentro e dependem totalmente de você para o seu sustento. Quando come, você está participando de uma economia que alimenta um microcosmo inteiro. Você é uma ecologia – em outras palavras, um terreno que é o mundo para trilhões de vidas invisíveis que você sustenta enquanto se alimenta. Você é uma mini-Terra, uma biosfera, um solo fértil para todos os seres que crescem e vivem aí dentro. Quando se sentar para a sua próxima refeição, procure reconhecer que está alimentando um mundo que é você e, ao mesmo tempo, não é. Pense nesse paradoxo da existência.

capítulo 1

Quando a roda da alimentação começou a girar

A humanidade, quando foi criada, não conhecia o pão para comer ou as roupas para vestir. As pessoas andavam de quatro e comiam ervas com a boca, como ovelhas, elas bebiam água da vala.

— Hino Sumério Antigo

Ninguém inventou o ato de comer. Comer, como um modo de dependência metabólica do meio ambiente, é algo tão antigo quanto a vida. Como o paleontólogo Richard Fortey observa em seu livro *Life: A Natural History of the First Four Billion Years of Life on Earth*: "A vida é um ladrão". De fato, "para alimentar o seu crescimento, uma reação energética é roubada pela célula viva" (1998, 41). Assim, viver é comer, ou seja, viver é consumir, isto é, viver é consumir e tirar do meio ambiente, dos outros. A vida, parafraseando Fortey, é fundamentalmente uma atitude de autosserviço: ela vê seu ambiente como uma porção de alimentos à sua disposição. A evolução da vida é sinônimo de uma evolução no ato de comer.

Fazer uma refeição, no entanto, é um assunto completamente diferente. Embora ninguém tenha inventado a ação de comer por si só, a instituição social de uma refeição tem claras pegadas históricas. A alimentação à base de refeições rituais foi criada por meio de tentativas humanas para otimizar a oferta de alimentos, e, especificamente, foi sustentada pelos empreendimentos da agricultura.

O nascimento da alimentação centralizada

Nós nem sempre tivemos refeições. Menos de três centenas de gerações atrás, ainda éramos caçadores-coletores. O processo de comer foi individualizado. Nós só comíamos quando nos sentíamos motivados (pela fome) a juntar comida e a matar. Nós jejuávamos e depois nos refestelávamos de comer... Vivíamos no mato e principalmente à mercê da Mãe Natureza. Mas não ficávamos preocupados, porém, porque ainda tínhamos aquele modo primordial zen de viver. Confiávamos na Mãe. Entretanto, cerca de dez mil anos atrás, na Suméria, "na grande planície aluvial longe do local onde hoje está a moderna cidade de Bagdá, onde os [rios] Tigre e Eufrates se aproximam mais um do outro", entramos em pânico e inventamos a agricultura (Woolley 1965, 1).

Por quê? Ficamos cada vez mais desgastados e desconfiados de dependermos tanto da natureza. Ficamos com medo de que a Mãe Natureza falhasse e ficássemos sem nada. Ansiávamos pela certeza da oferta de alimentos. Queríamos garantir a nossa sobrevivência. E essa foi, sem dúvida, uma virada cultural neurótica de eventos. Decidimos que era preciso tentar controlar nosso próprio destino, controlando, portanto, nosso suprimento de alimentos. Começamos o planejamento e o plantio, a contabilidade da produção e o racionamento. A matemática nasceu, assim como o pragmatismo da engenharia social, incluindo noções como o tempo (para coordenar a atividade humana) e a medição (para garantir a justiça, a equidade, a igualdade e a prestação de contas). O nascimento da agricultura foi o fim de uma alimentação individualizada. A refeição nasceu! Mas, ao plantarmos as sementes de civilizações futuras, também plantamos as sementes da moderna maneira irracional de comer.

O nascimento da refeição irracional

A agricultura nos levou a ter um excesso de alimentos. Mas, em vez de celebrarmos a nossa boa sorte por garantir o que comer, passamos a conceber a comida como sendo algo garantido e certo. Uma vez que isso se tornou o único objetivo de nosso comportamento diário, a alimentação começou a se tornar também uma rotina. Em vez de nos alegrarmos com o simples triunfo da abundância, começamos a misturar a comida com entretenimento. Nasceu a refeição irracional. A atividade de comer, que antes fora medida e controlada pela fome, um evento específico para um determinado estômago e de um determinado indivíduo, tornou-se uma atividade genérica, controlada pelo tempo e sujeita às demandas da nossa existência coletiva.

Quando vivemos por nós mesmos, somos obrigados a nos tornar autossuficientes; cada um precisa exercer seus múltiplos talentos e cada indivíduo tem de tratar da própria vida.

Quando em grupo, começamos a nos especializar: alguns caçam, outros acumulam, alguns plantam, outros colhem, alguns preparam a comida, outros comercializam, alguns governam e outros não fazem nada. Uma vida em coletividade leva a uma coordenação das atividades, à organização e à centralização. Isso nos conduz para longe de nossas necessidades individuais e de nossos ritmos idiossincráticos e nos coloca em uma programação. Começamos a programar o outro, chegando a definir e impor regras e tradições e a aplicá-las. Finalmente, nos tornamos uma espécie de autômatos irracionais, controlados pelo hábito. Começamos a operar no tempo, comendo quando for a "hora de comer", e não quando tivermos fome. Perdemos o contato com a realidade e também com nós mesmos. Desta forma, a agricultura – a qual demanda uma civilização amarrada por regras – nos transformou todos em zumbis. Portanto, a alimentação consciente se torna de fato uma alimentação psicologicamente libertária. É o retorno a si mesmo.

O nascimento dos excessos

Uma vez que o viver em coletividade levou à divisão do trabalho, ele por sua vez conduziu a desigualdades sociais, que por sua vez conduziu a diferentes acessos aos alimentos, que por sua vez conduziu a comer de acordo com o status social no lugar de responder às necessidades metabólicas. Isso mesmo: uma vez dentro do círculo vicioso, a roda da alimentação irracional não para de girar. Aqueles com mais recursos comem mais do que o necessário. Aqueles que não têm recursos comem menos do que aqueles com recursos, mas geralmente ainda mais do que era habitual nos dias em que éramos caçadores-coletores. Além disso, a vida na aldeia, com seu excesso de alimentos, significava uma vida sedentária (Schick e Toth, 1993), e, portanto, menor necessidade de consumo. Nasceu o excesso na alimentação.

O nascimento do empanturrar-se em massa

Não existe agricultura sem matemática. No entanto, onde há centralização e matemática, existe também uma promessa de objetividade baseada em matemática e, portanto, o monopólio da verdade, o que acabou levando à desigualdade social. Onde quer que haja desigualdade social, há desigualdade no acesso aos alimentos, e, assim, nasce a inquietação social. E sempre que uma sociedade oscila para uma área fora de controle, passa a existir a necessidade de política, especialmente a política de apaziguamento com os alimentos – por exemplo, o ditado romano do "pão e circo", ou seja, a política de dar às massas alimentação e entretenimento, de preferência combinados. A obtenção de alimentos, que já foi um compromisso estritamente pessoal, tornou-se sujeita ao controle social. Na tentativa de controlar a Mãe Natureza, acabamos controlando o outro e comendo fora de controle, devido à política barata de tentar pacificar as massas com comida e diversão. Ao longo dos milênios, as elites industriais e agrícolas finalmente descobriram como fornecer alimentos baratos e de baixa qualidade às massas e, assim, nasceu o comer em excesso em massa.

O nascimento do comer decorativo

De acordo com um antigo hino sumeriano um pouco presunçoso, "A humanidade, quando foi criada, não sabia do pão para comer ou das roupas para vestir" (Woolley 1965, 13). Mas mesmo quando a nossa espécie não conhecia o pão, ela certamente sabia como desfrutar da comida. Infelizmente, nós – os bem alimentados, bem-vestidos e civilizados cidadãos modernos – nos esquecemos de tudo sobre esse êxtase de saber viver o básico. Ficamos entediados com os alimentos. Começamos a "vestir" os alimentos com temperos e molhos, e começamos a nos vestir para comer. Esse nascimento do comer "decorativo" foi e está associado ao nosso desespero contínuo para nos conectarmos com a realidade. Nossa busca incessante por esse tipo de estimulação culinária é, no fundo, um anseio pela natureza. Temos fome de um sentido de vitalidade crua, mas continuamos a procurá-la em alimentos processados e sempre, cada vez mais, decorados e enfeitados. Nós nos esquecemos de que a fome e a plena consciência ainda são os melhores chefs da cidade, capazes de transformar qualquer pedaço razoavelmente palatável de comida em um orgasmo alimentar.

O nascimento da falta de empatia com o processo de se alimentar

Há uma expressão russa que se refere àqueles que inventam estimulações por possuírem muito: *s zhiry besishsya*, que significa "gordura enlouquecida". Isso faz sentido. Voltando aos dias do processo evolutivo, se você tivesse uma camada de tecido adiposo, isso lhe proporcionaria uma espécie de reserva alimentar portátil. O excesso era uma coisa boa. Mas agora que a maioria de nós tem um ou dois tamanhos a mais desse vestuário adiposo, estamos sempre à procura de algo novo, emocionante. No entanto, não fomos assim tão criativos. Deixando de lado as montanhas-russas, a maioria de nós parece continuar procurando os estímulos nos alimentos, assim como nossos ancestrais faziam. Mark Kurlansky descreve assim a prática alimentar da elite de Roma: "Patrícios comem pratos preparados por uma culinária elaborada que expressa opulência em ingredientes e na apresentação. Os cozinheiros romanos pareciam não deixar nada em seu estado natural. Eles amavam o esotérico, como vulva e tetas de leitoa, um prato... que provocava debates sobre se deveria ser feito de uma leitoa virgem ou... daquela cuja primeira ninhada foi abortada" (2002, 61).

Os glutões modernos estão igualmente sempre em busca de algo mais exótico. É natural: graças à agricultura feita em grande escala, perdemos totalmente o contato com a natureza. No entanto, sendo caçadores-coletores no coração, procuramos continuamente um sabor de algo selvagem e natural. Mas, ao contrário de nossos antepassados caçadores-coletores, falta-nos um sentimento de humildade e graça quando tomamos algo da Mãe Natureza. Essa falta de consciência não conhece limites alimentares. Quando eu, negligentemente, tomo um copo de suco de cenoura, ignorante da vida original que há por trás dele – a vida vegetal que foi "espremida" para fora da existência – eu não estou tão fora do contato com a Mãe Natureza como um onívoro distraído?

A vida é vida, quer você possa se relacionar com ela ou não, quer ela silenciosamente se encontre com a lâmina impessoal de uma colheitadeira durante a colheita, quer ela guinche como um porco que é estripado, quer ela caia do céu, morta a tiros em pleno voo, quer ela se debata sem ar em suas mãos com um gancho rasgando sua boca. Animais, plantas, insetos e até mesmo as boas bactérias que engolimos aos milhões em cada colherada de iogurte – não importa o que comemos ou consumimos –, tudo não passa de diferentes manifestações da mesma vida que flui em nós. Tudo isso somos nós. É um axioma da vida: nós não comemos pedras, nós comemos vida. E quando o fazemos descuidadamente, comemos sem graça, sem empatia, sem compaixão. Antes de existir a agricultura em grande escala, estávamos muito ligados à vida para deixar de notá-la. Naturalmente, nós nos sentíamos gratos por ela. Mas agora, entrincheirados atrás de prateleiras de alimentos processados, afastados da natureza, não vemos a vida que ingerimos.

Voltar às nossas raízes de caçadores-coletores é sem dúvida uma proposição ingenuamente romântica e implausível, dada a nossa evolução social. Nós somos o que somos: caçadores-coletores de informação. Estamos muito distantes de morarmos no mato. Na verdade, posso dizer que estamos à beira de mutações genéticas tecnologicamente assistidas. Então, podemos acenar um adeus saudoso a um modo de vida pré-agrícola. Perdemos aquele trem. Ele desapareceu no mistério de nossas origens selvagens. E isso é bom. Há outras maneiras de acordar desse sonho ingrato de continuarmos comendo de forma irracional. Ainda há muito tempo para recuperar o nosso sentido primordial de apreciação humilde das vidas que tomamos para nos sustentar, até sermos capazes de encontrar um caminho de existência de perda zero.

O logro da roda alimentar

Os sumérios, "apóstolos da civilização" (Woolley 1965, 13), aqueles que inventaram a agricultura e o ritual da refeição baseada no tempo, centralizada e institucionalizada, aqueles presunçosos engenheiros sociais que ridicularizavam os humanos pré-civilizados por não conhecerem o pão e por beber água das valas, logo incorreram em uma sequência contínua de ironias.

A agricultura, apesar da promessa de um abastecimento de alimentos constante e seguro, paradoxalmente levou à escassez de comida e à desnutrição. Os assentamentos agrícolas ofereciam uma dieta alimentar muito menos diversificada do que seus antecessores caçadores (Jones, 1993). Além disso, a Mãe Natureza foi despersonalizada, tratada como objeto. Aquela relação primordial com a terra começou a mudar, de uma postura de gratidão para uma posição de produção e comercialização. Quanto mais nós, como uma civilização, desejávamos estar no controle, mais queríamos e mais tomamos. Quanto mais tomamos, menos havia na terra para nos oferecer. Então, pegamos a estrada e procuramos mais terras para cultivar. Mas a monocultura foi uma solução ruim, e implementá-la em novos locais não a tornou melhor. Finalmente, quando essencialmente ficamos sem terras para cultivar, recorremos às tecnologias agrícolas e agronômicas cada vez mais míopes, para podermos tirar cada vez mais dessa mesma terra. E essa roda alimentar centralizada na produção e no consumo tem andado às voltas pelo mundo e fracassado em todos os lugares. O resultado? Estamos desnutridos e, ainda assim, acima do peso.

E os bebedores de água das valas que não conheciam o pão?

Então, como aqueles poucos sobreviventes das culturas de caçadores e coletores se saíram nesse meio tempo? Considere o povo Hadza do norte da Tanzânia, cuja composição genética "indica que eles podem representar uma das raízes primárias da árvore genealógica humana – talvez mais de cem mil anos de idade" (Finkel 2009, 104). Os hadzas não cultivam nenhum tipo de lavoura nem criam gado; eles trabalham metade do tempo e vivem em tempo integral, apreciando "uma extraordinária quantidade de lazer" (104) e vivem "uma existência extraordinariamente no tempo presente" (112). Quer dizer, chamar suas atividades de subsistência de "trabalho" é realmente um equívoco. Esse "trabalho", com seu foco principal no ato de caçar e na sua sintonia profunda com o meio ambiente como coletor, facilmente dobra como meditação – e triplica como exercício. De especial importância é o fato de que, entre os hadzas, "não se tem conhecimento de nenhum histórico de fome" (104) e são, sob o ponto de vista nutricional, mais bem alimentados do que seus "civilizados" congêneres. "A dieta dos hadzas permanece até hoje mais estável e variada do que a da maioria dos cidadãos do mundo" (104). Ao contrário de culturas mais "avançadas", com os seus gostos cada vez mais exóticos e suas maneiras variadas de cozinhar, que vão desde aqueles cozinheiros romanos que "pareciam não deixar nada em seu estado natural" (Kurlansky 2002, 61) até os gastrônomos moleculares modernos, o estilo de cozinha dos hadzas é simples: "Nada grelhado. Nada de panela" (Finkel 2009, 115).

Enquanto a complexidade pode servir como um índice da idade de uma civilização, a simplicidade é um índice de sua sabedoria. Eu não estou dizendo que você deve parar de comer pão e que passe a beber água de um poço, mas estou dizendo – sim – que é hora de examinar nossas suposições fundamentais sobre o que comemos, em geral, e sobre a comida à base de farinha, em particular. Vamos nos livrar desse sentido sumeriano de superioridade, centralizado na alimentação programada. E vamos dar um passo adiante e fazer o que é verdadeiramente civilizado: vamos abrir nossa mente.

Conclusão: Essa roda alimentar é um fiasco

Essa coisa de roda alimentar vem rolando por muito tempo e obviamente veio para ficar. Seja como for, é extremamente importante um trabalho de recauchutagem. Em 1987, Jared Diamond, professor de geografia e fisiologia da UCLA, declarou que a invenção da agricultura foi "o maior erro" da humanidade (1987, 64). Eu não concordo. A agricultura não foi um erro. A centralização não foi um erro. A matemática não foi um erro. A engenharia social não foi um erro. Todas essas invenções da mente humana eram uma necessidade psicológica. Foram todas ideias que logicamente fluíram de dentro de nossa própria natureza. Nós – os animais humanos, os macacos modernos – somos irrevogavelmente muito mais neuróticos do que os nossos ancestrais evolutivos. Somos dotados de um cérebro enorme. Estamos cheios de nervos, literal e metaforicamente falando. Somos uma espécie de seres altamente enervados, sensíveis e delicados. Gênios neurais que são ferozmente criativos e sujeitos à angústia crônica. A nossa mente é uma espada de dois gumes, que tanto nos mantém preocupados como nos leva a resolver problemas de forma proativa.

A nossa mente é da mesma natureza da roda: continuamos a rolar de um pensamento a outro pensamento e a um novo pensamento, viajando por caminhos neurais bem trilhados e tomando desvios ocasionais desencadeados pela criatividade do nosso pânico. Programamos a nós mesmos, desprogramamos a nós mesmos, e nos reprogramamos de novo, e depois fazemos tudo isso novamente, vezes sem conta. Esse é o nosso paradoxo – a dialética da natureza humana. Eu não me oponho a isso. Ao contrário, celebro e reverencio tal coisa.

A roda da alimentação *tinha* de ser inventada. Nós fomos simplesmente muito inteligentes, muito observadores para inventá-la. Enquanto observávamos o grande padrão de roda alimentar da natureza, uma combinação de fome e admiração nos estimulou a desenvolver hipóteses sobre como podíamos controlar a oferta de alimentos e, em seguida, nós as colocamos à prova. À medida que a agricultura evoluía, começamos então a organizar, centralizar e institucionalizar nós mesmos e o nosso sustento. Nós nos tornamos zumbis glutões. Aí estávamos em nosso melhor estado neurótico. Mas agora é hora de corrigir o curso da nossa evolução alimentar. É hora de descentralizar, de tirar o caráter institucional de nossa alimentação e de voltar a personalizá-la – chegou a hora de comer para recalibrar as nossas necessidades, momento a momento. É hora de desengatar o ato de comer da abstração mental do tempo e engatá-lo de volta no imediatismo sensorial do corpo. É hora de redescobrir a atemporalidade de nos alimentar e encher de ar essa roda furada e vazia de significado, com um vento novo de presença. É hora de voltar aos trilhos.

Um amuse-bouche para interromper o padrão

Espero que você tenha deixado algum espaço em sua mente para outro petisco de interrupção do padrão. Enquanto você se senta para outra refeição, reserve um momento para as meditações que se seguem sobre o ato de comer. Permita que ideias provocativas e estranhas sobre a alimentação abram a sua mente. E então, com a mente aberta, abra a boca. Agora, puxe sua cadeira e pegue seu guardanapo: é tempo de repensar o que é comer.

— Alimento para o cérebro —

As ascídias possuem uma forma tubular como a da minhoca. O médico, psiquiatra e pesquisador clínico Stuart Brown descreve essas criaturas de maneira intrigante (2009, 47–48):

As ascídias são os nossos parentes mais antigos. Seu sistema nervoso primitivo as torna mais próximas dos seres humanos do que das esponjas e corais com quem se assemelham. Cientistas dizem que um girino ascídio se aproxima da forma de como pode ter sido um ancestral dos humanos – os primeiros urocordados – há 550 milhões de anos. Nessa forma de larva, ele tem uma medula espinhal primitiva e um feixe de gânglios que atuam como um cérebro funcional. Esse cérebro minúsculo o ajuda a mover-se seletivamente em direção a nutrientes e longe do perigo... Assim que a ascídia cresce até a idade adulta, ela se prende permanentemente a uma rocha ou ao casco de um barco. Já não precisa mais monitorar o mundo como fazia quando era jovem, porque a corrente marinha fornece nutrientes suficientes para que sobreviva... A ascídia adulta se torna o equivalente marinho do sujeito que passa horas vegetando em frente à tevê. E em uma reviravolta surpreendentemente macabra, ela digere o próprio cérebro. Sem a necessidade de explorar ou monitorar o mundo para encontrar o seu sustento, a criatura devora seus gânglios cerebrais.

Duas perguntas para refletir antes de sua próxima refeição: para que serve o sistema digestivo? E o cérebro?

— Nós somos tubos digestivos —

Uma palavra russa para "viver" é *zhivoi*. E para "estômago" é *zhivot*. Deu para ver alguma diferença fundamental? Eu não vejo. Comer é viver e viver é comer. Somos tubos digestivos – conscientes, até mesmo espiritualizados, mas não deixamos de ser tubos digestivos que metabolizam o meio ambiente por meio de uma operação de mão única, para continuar vivendo. Do ponto de vista evolutivo, o cérebro (incluindo esse que está lendo esta frase) veio após o surgimento do estômago. A necessidade da existência do cérebro é encher o tubo da vida com comida para que ele possa continuar a viver e navegar na direção de pastos mais verdes e para bem longe de se tornar o almoço de alguém. Isso não é reducionismo. É apenas um ponto de vista para você refletir antes de encher o próprio tubo digestivo na sua próxima refeição.

– Cobras com pernas –

O peristaltismo é uma onda de contração muscular e relaxamento que move o bolo alimentar para diante ao longo do aparelho digestivo. Esse mecanismo não é apenas encontrado no interior do intestino humano. As cobras, por exemplo, usam o peristaltismo para engolir a presa inteira. Se você já viu fotos dos cerca de sete metros de alças enroladas do intestino delgado humano, e se você tiver em mente as ondas peristálticas de contração e relaxamento que podem impulsionar os alimentos pelo intestino, e se você entender que, como todos os seres humanos, tem uma estrutura cerebral reptiliana dentro do crânio, então não terá nenhum problema em imaginar-se como uma cobra com pernas. E, afinal, o que é uma cobra, se não um tubo vivente, respirando, pensando, tomando decisões? Pondere isso enquanto se arrasta para mais uma pilha de comida.

— Metabolicamente à deriva —

Várias espécies de vermes tubulares *Riftia* estão entre os animais mais abundantes que habitam as áreas em estreita proximidade com as fissuras das fontes hidrotermais no fundo do oceano. De acordo com o professor de zoologia Rob Dunn, eles "não têm boca, ânus ou trato digestivo" (2009, 177). Então como é que essas criaturas se alimentam? Eles não o fazem – pelo menos não de forma ativa. Em vez disso, possuem um trofosoma, um órgão que abriga micróbios. Em troca desse lugar fértil para se reproduzir, os micróbios fornecem nutrientes para os vermes tubulares. Dunn disse: "Os vermes tubulares não são diferentes de árvores... [Eles] usam suas longas brânquias como folhas para aproveitar a energia ao seu redor" (177-178). Esse é um ponto. O outro vem do próprio nome da criatura: são literalmente tubos viventes, metabolicamente à deriva. O que penso de tudo isso? Nós não somos tão diferentes assim. Os seres humanos também são tubos viventes, embora sejamos um pouco mais complicados. Só porque o nosso tubo digestivo tem uma boca e está ligado ao GPS do nosso SNC (sistema nervoso central), com o aparelho musculoesquelético que oferece proteção e os meios de locomoção, isso não significa que não sejamos tubos viventes. Somos, sim. Mas em vez de ficar em um lugar só, peneirando o ambiente em volta à procura de nutrientes, andamos pela estrada da vida, de um bocado de comida a outro, continuamente.

Por que isso importa? Porque importa qual é a matéria que flui pelo nosso corpo. E porque importa a maneira pela qual passamos por essa matéria – consciente ou inconscientemente. Perceba que o ato de se alimentar é a mesma coisa que passar pelo ambiente que o rodeia, ou permitir que o ambiente passe pelo seu corpo. Assim, a minha pergunta é esta: você está metabolicamente à deriva? Você está metabolicamente lavrando a terra aleatoriamente, à procura de ambientes alimentares, sem prestar atenção por onde está abrindo seu caminho? Tem aberto esse caminho sem pensar e de maneira indiscriminada durante anos de refeições? O que vem passando pelo seu corpo, tubo vivente? O que tem deixado para trás, tubo vivente?

— Algo para absorver —

A vida é dentro, o ambiente é fora. Comer é um processo de consumo do meio ambiente. Quando comemos, absorvemos o mundo lá fora e o trazemos para o nosso mundo interior. Considere as tênias. Assim como o *Riftia* (os vermes tubulares descritos acima), as tênias não têm intestino, de modo que, nas palavras do cineasta visionário John Downer, "Elas absorvem a comida diretamente dos líquidos que fluem por cima delas... [Assim], a sua superfície externa é efetivamente o seu tecido estomacal" (1991, 177). Isso pode soar estranho, mas é realmente estranho? Nós, os seres humanos, também não absorvemos várias substâncias por meio da pele? Claro que sim. Se não o fizéssemos, medicamentos tópicos e pomadas não existiriam. Então dê uma olhada em seu rosto no espelho e considere que a pele que você vê é outra manifestação de seu estômago. Uma ideia interessante para absorver, não é?

— A grande roda do apetite —

A palavra *samsara*, do sânscrito, refere-se ao conceito da roda do sofrimento budista e hinduísta. Deixando de lado as tecnicidades evolucionárias, pelo fato de sermos animais, somos essencialmente plantas com inteligência, cérebro e meios de locomoção. De fato, a flora e a fauna são simplesmente duas plataformas diferentes de vida: a vida sedentária e a vida com mobilidade. As plantas ficam paradas, pois estão lá, onde quer que seja. Cada folha de grama é uma espécie de monge budista, arraigado e alicerçado na Terra.

Os animais, por outro lado, incluindo os humanos, estão num estado constante de busca. Nós queremos, nós fantasiamos, nós sonhamos, nós ansiamos, nós corremos, nós procuramos, nós sofremos. Gosto de pensar que somos como "árvores caminhantes" porque somos fisicamente e mentalmente móveis, sempre em movimento e presos na roda da *samsara* do apetite. Queremos sempre mais do que aquilo que nos é dado. Evoluímos para perseguir, assim perseguimos sempre. Como uma roda do desejo, ficamos rolando infinitamente, fisiologicamente inquietos, existencialmente inquietos, sempre almejando isto ou aquilo.

E assim como uma roda cria movimento, a roda do apetite psicofisiológico cria uma *e-moção* contínua de insatisfação ("e-moção" referindo-se a algo endógeno, ou seja, um movimento interno). A roda do corpo-mente humana não conhece o contentamento, a menos que pare, e é a sua saciedade que para a roda, mesmo que apenas por um breve momento. Quando finalmente nos sentimos satisfeitos, podemos desacelerar, parar e descansar – mas não por muito tempo. Afinal de contas, é da natureza de uma roda não parar de girar. Assim, em pouco tempo, a roda do apetite acelera o motor de inquietação.

Se a saciedade, mesmo passageira, é seu destino, comer é a viagem agitada que leva até lá. Da próxima vez em que se sentar para uma refeição, observe os movimentos de investigação de suas mãos, levando a realidade para dentro de você enquanto come. Experimente visualizar-se como uma roda de apetite em busca de uma pausa. Da próxima vez em que se sentir saciado, procure reconhecer que você – a árvore caminhante – uma vez mais alcançou um momento fugaz de contentamento. Observe esse momento de satisfação e descanse as mãos. Fique vegetando, roda da mente, fique vegetando exatamente como fazem suas parentes, as plantas. Permita-se desfrutar desses momentos fugazes de plenitude quando a roda da sua fome, finalmente, não tem para onde ir. Permita-se cessar a locomoção inquieta de comer. Deixe a roda da *samsara* de seu apetite desfrutar de uma breve pausa. Aproveite a parada para descanso nesta estrada do desejo.

capítulo 2

Primeiro prato: Reconectando-se com seu corpo

A respiração é o nosso principal alimento.

— Lorin Roche, *Breath Taking*

Uma refeição das antigas é centrada na comida e, normalmente, é composta de três pratos, com uma entrada (sopa ou salada), um prato principal e uma sobremesa. No paradigma que proponho – a nova refeição – o ato de comer é tanto focado na comida quanto na pessoa que se alimenta, e também consiste de três pratos, mas o foco agora está nas atividades:

1. Um primeiro prato de relaxamento, no qual você se reconecta com seu corpo (o tópico deste capítulo).

2. Um segundo prato de atenção, no qual você se reconecta com sua mente (capítulo 3).

3. Um terceiro prato de consciência alimentar, no qual você se reconecta com seu mundo por meio da alimentação (capítulo 4).

O objetivo do novo paradigma de uma refeição é mudar a nossa rotina moderna de comer negligentemente para um programa de autocuidado completo, de corpo e mente. E iniciar as suas refeições com uma entrada de relaxamento é o primeiro passo vital.

A restauração do fluxo de bem-estar

No velho paradigma da refeição, a palavra "prato" se refere à alimentação. Mas, nesse novo paradigma, o "prato" se refere a uma atividade de autocuidado. É digno de nota que, em inglês, o "prato" numa refeição é "course", que tem sua origem na palavra latina *cursus*, que significa "movimento para a frente" e inclui o fluxo, ou curso, de um rio. Os novos cursos das refeições neste livro são projetados para restaurar o fluxo de bem-estar pessoal. Lembre-se de que somos essencialmente tubos digestivos muito inteligentes e com pernas. Evolutivamente, o sistema nervoso e a capacidade de locomoção são os fatores que podem definir o vetor original do bem-estar: de não se alimentar (fome ou vazio, que é um *menos* existencial) para alimentar-se (plenitude ou satisfação, que é um *mais* existencial). O novo paradigma da refeição foi projetado para sincronizar as correntes de seu corpo e mente em um fluxo harmonioso de autorrenovação metabólica e psicoespiritual. A ideia é fazer com que sua mente distraída pela tecnologia volte aos trilhos. Em suma, o novo paradigma da refeição é a ioga na hora de comer.

Relaxamento: Um lugar lógico para começar

Considerando-se que uma refeição das antigas começa ao se ligar a tevê e depois desligá-la, a nova refeição é um evento que integra corpo e mente e começa com um primeiro prato de consumo consciente e relaxante de ar e de água. Existem várias boas razões para usar o relaxamento como uma entrada, e vamos estudar todas em detalhes a seguir :

- O relaxamento é restaurador, ajuda a nos ancorar e promove o centramento pessoal.

- Ele facilita a digestão.

- Ele auxilia no controle do estresse e ajuda a evitar excessos emocionais.

- Ele prepara o sentido do olfato, que amplia o máximo desfrute e facilita a saciedade.

- Ele acentua o sentido do cheiro, que aumenta a satisfação e facilita a saciedade.

- O relaxamento com foco na respiração pode ajudar a promover a consciência da plenitude, o que ajuda a evitar excessos.

- O relaxamento proporciona uma verificação da realidade por intermédio da redescoberta de sua dimensão física ou corporal.

Seguindo as prioridades de sobrevivência

No mínimo, a vida humana requer ar, água e comida. Todo o restante é extra. Faz sentido começar com o básico requerido por nossa fisiologia: ar e água. Afinal de contas, podemos ficar sem comida por algum tempo. Por exemplo, em 2006, um homem russo-armênio, Agasi Vartanyan, ficou sem comida durante cinquenta dias ininterruptos (*Associated Press* 2006). Se isso lhe parece impressionante, considere alguns dos recordistas de jejum no reino animal. Uma serpente píton pode ficar um ano e meio sem comer. O peixe dipnoico africano (que ostenta duas brânquias e pulmões) pode retardar seu metabolismo o suficiente para sobreviver sem qualquer alimento por dois anos. O sapo manchado australiano vive sem comida por um tempo colossal de cinco anos! E as criaturas microscópicas conhecidas como tardígrados podem ficar sem comida por incríveis oito anos (*Science Illustrated* 2010).

O caso é que a comida pode esperar. Mas tudo fica um pouco diferente com a água. O tempo que leva para a desidratação total de uma pessoa varia para cada um de nós, mas pode ocorrer em coisa de três dias. No caso do oxigênio, tirando de lado o praticante de ioga e aqueles que treinam mergulho livre, a maioria de nós sufocaria sem ar depois de três minutos. Assim, as prioridades de ingestão são claras: o ar, a água, em seguida, os alimentos. Portanto, a nova refeição começa com a ingestão consciente do ar e da água. A sequência é fácil de lembrar: basta seguir as prioridades de sobrevivência.

Um céu repleto de comida

De acordo com o Atharvaveda, um antigo texto hindu, "A inspiração e a expiração são o arroz e a cevada" (Zaehner 1966, 28). Na verdade, olhe para cima ou para fora na janela e veja esse incrível céu repleto do nosso principal combustível – agora, não adie para mais tarde. Vá em frente, deixe esta leitura de lado por um momento e dê uma olhada nesta placenta atmosférica que alimenta a nossa existência terrena. Reconheça que, ao contrário dos alimentos, o ar ainda é de graça e não precisa cozinhar. Cultive o hábito de iniciar suas refeições com profundas respirações abdominais, para evitar qualquer dor de barriga futura por ter comido demais sem necessidade. Tenha um almoço repleto de respirações profundas!

O segredo mais bem guardado do relaxamento

Se eu lhe perguntasse: "Quando é o melhor momento para relaxar?", você provavelmente diria: "Quando você está se sentindo estressado". É verdade, esse seria o melhor momento para fazer relaxamento. Mas você sabe quando é o melhor momento para utilizar o relaxamento em toda a sua potência calmante? A resposta pode surpreendê-lo: exatamente antes de comer. Veja você, a técnica clássica da ioga da respiração via abdominal ou diafragmática, conhecida como *pranayama*, funciona melhor quando você tem o controle máximo do diafragma, e isso ocorre quando o estômago está vazio. Patanjali, um iogue antigo que "codificou" as sutilezas da técnica *pranayama*, destacou a importância da prática de *pranayama* antes das refeições. Tenho certeza de que você já reparou como às vezes começa a sentir falta de ar depois de comer compulsivamente, e talvez até mesmo tenha reparado como sua respiração se torna um pouco difícil depois de comer apenas uma quantidade moderada.

Parte disso é puramente mecânico. A distensão do estômago compete com o funcionamento do diafragma, um músculo horizontal, localizado entre a cavidade torácica e a cavidade do estômago. Mas parte dessa resposta é bioquímica. O médico e cientista soviético Konstantin Pavlovich Buteyko, um estudante da respiração e da ioga, agora famoso por seu método de controle da asma, explica que a digestão dos alimentos pelas células do corpo é uma espécie de "respiração interna", que tem o efeito de intensificar a taxa de respiração total do organismo, levando à hiperventilação e à falta de ar, e que isso ocorre depois de comer moderadamente, imagine então depois de comer compulsivamente (Buteyko, 1977).

Assim sendo, da mesma maneira que você não iria nadar com o estômago cheio, não faz sentido praticar a respiração diafragmática com o estômago cheio ou mesmo meio cheio. Claro, qualquer relaxamento é melhor do que nada, mas por que não aproveitar essa janela de oportunidade para o relaxamento, que acontece exatamente antes da refeição? Esse período, então, é o segredo mais bem guardado de treinamento de relaxamento. Algumas vezes por dia, quando seu estômago estiver quase totalmente vazio, você se encontra perfeitamente posicionado para aproveitar ao máximo os benefícios do relaxamento ao praticar algumas medidas de relaxamento simples por alguns minutos.

Além de fornecer uma dose de relaxamento restaurador, a atitude de realizar um breve exercício de respiração abdominal duas ou três vezes por dia antes das refeições é uma ótima maneira de desenvolver uma rotina de controle do estresse bem ajustada no tempo. Afinal, embora possamos ter dificuldade para reservar um tempo para esse controle do estresse, quase nunca nos esquecemos de comer. De um modo ou de outro, conseguimos encontrar tempo para nossa manutenção diariamente. Então, se você ancorar o seu exercício de relaxamento ao comportamento básico de automanutenção, que é se alimentar, garanto que não vai se esquecer de relaxar.

Permita-se começar a pensar em comer como um período de relaxamento e no relaxamento como a entrada de cada refeição. Fundamentalmente, tanto ingerir ar quanto comida são atividades de importação e exportação metabólicas. Cada nova respiração, assim como cada nova mordida, força a expulsão dos dejetos. Reflita sobre essa circularidade milagrosa: para poder expirar, você tem que inspirar, e para desocupar os intestinos você tem que preenchê-los (sem a ingestão de alimentos significa que não ocorre o peristaltismo, ou seja, não há movimento do intestino).

Inaugure uma nova rotina

Qualquer projeto de mudança começa com um primeiro passo. Às vezes, o primeiro passo é enorme: você dirige pela cidade toda e gasta mais de dois mil reais numa banheira de hidromassagem. Mas, por vezes, o primeiro passo é muito pequeno: você tem que arrumar uma chave de fenda. O primeiro passo que eu proponho é do segundo tipo – pequeno, fácil, sem esforço. Começando com a sua refeição mais próxima, faça o exercício de respiração como sua entrada. Logo vou lhe passar algumas práticas específicas de relaxamento focadas basicamente na respiração, mas por agora simplesmente basta começar a sua refeição com um momento de respiração consciente. Que este pequeno passo seja a inauguração da sua nova rotina no momento da refeição.

Se você só tem paciência suficiente para uma respiração consciente, que assim seja – por enquanto. A quantidade de ar que você serve a si mesmo conscientemente não importa, nesse momento, nem a técnica que é usada. O que importa é que você vai começar a cultivar o hábito de encher os pulmões de ar corretamente antes de comer. Onde quer que esteja em relação ao tempo, há uma refeição surgindo no seu horizonte talvez em um minuto, talvez em poucas horas, talvez amanhã de manhã.

Comece sua próxima refeição com os pulmões bem abertos, e lembre-se: primeiro uma breve lufada de ar, depois uma respiração consciente e só então um bom bocado de ar. Reconecte-se com seu corpo usando a respiração; em seguida, reconecte-se consigo mesmo por meio de um momento de autoconsciência atenta (que discutiremos no capítulo 3), e então – e só então – se reconecte com o mundo em geral fazendo uma alimentação consciente (leia mais sobre isso no capítulo 4).

Turbine sua resposta de relaxamento

Como ex-proprietário de um carro turbinado, eu posso atestar pessoalmente sobre o triunfo da aceleração turbinada! É o equivalente mecânico de um sopro de energia. Ela comprime o ar ambiente e o entrega para o coletor de admissão de ar com uma pressão muito maior do que a normal, aumentando a potência e o torque. Em um sentido muito real, o turbocompressor é igual à ação de você respirar profundamente.

Mas enquanto o turbo mecânico é a inspiração, o turbo do relaxamento diz respeito à expiração. Ao contrário do que reza o conselho tantas vezes ouvido, para tomar uma respiração profunda, a verdadeira recompensa do relaxamento na verdade vem da expiração, não da inspiração. Como o neurocientista e praticante zen James Austin explica, "Expirar acalma a atividade de muitas células nervosas. A expiração retarda o disparo de células nervosas na amígdala... Tal abrandamento no ritmo, que tem seu lugar no sistema límbico e em outros lugares, pode contribuir para o efeito calmante básico do indivíduo" (1999, 461-462). De acordo com Austin, se você se concentrar na respiração "pode aumentar o tom de inibição dos nervos vagos" (94), que se correlaciona com a experiência de relaxamento.

Assim, a inspiração (inalação) ativa e a expiração (exalação) relaxa. Respire fundo e suas pupilas se dilatam, como fariam se você estivesse com medo ou excitado. Expire e suas pupilas irão se contrair ligeiramente. Esta informação vale a pena guardar: o relaxamento é ampliado ao se passar mais tempo expirando. Então, para turbinar o seu relaxamento, prolongue a sua expiração. Uma maneira de ritmar a expiração é contando (conte até quatro, por exemplo). Mas, pessoalmente, acho esse tipo de respiração aritmética um pouco chato. Em minha opinião, cantar um mantra ou cantarolar é muito mais intuitivo. (Eu vou discutir as especificidades disso em um momento.)

Outra maneira de retardar a exalação é respirar pelo nariz, o que também parece desempenhar um papel em facilitar o relaxamento. Como explica Austin: "O fluxo de ar ao longo das passagens nasais também influencia o cérebro, pois esse fluxo de ar estimula as terminações nervosas nasais. Esses estímulos passam a induzir uma atividade de 40 CPS [ciclos por segundo] no bulbo olfativo, que é a maior extensão do sistema nervoso central e que cobre as passagens nasais" (1999, 95).

Essa noção de que apenas o prolongamento da exalação e da respiração calma pelo nariz permite regular o sistema nervoso central significa que a respiração abdominal pelo nariz, com uma fase de exalação prolongada, é um tipo de pedal de freio, que serve como um acelerador de relaxamento. Então ... Prepare, aponte, expire! Ahhh...

✓ Tente isto: Amplie a expiração

Uma maneira natural de prolongar a fase de expiração pode ser respirar com os lábios franzidos ou cantarolar enquanto solta o ar. Aqui está uma maneira fácil de comparar essas técnicas de expirar pelo nariz: depois de inspirar profundamente pelo nariz, expire pelo nariz e tente prolongar a expiração. Em seguida, inspire profundamente de novo e cantarole baixinho enquanto estiver soltando o ar. Observe como soltar o ar cantarolando amplia a expiração facilmente e sem esforço nenhum. Finalmente, respire fundo e expire com os lábios franzidos. A diferença entre os dois últimos e o ato de ficar expirando pelo nariz é, provavelmente, bastante óbvia, mas você pode tentar cronometrar todos os três tipos de exalação para comparar o tempo que costumam durar.

Aqui vai uma dica: limpe as fossas nasais primeiro, seja assoando o nariz, seja fazendo uma lavagem nasal usando um *neti pot* (dispositivo para a lavagem das fossas nasais que tem suas origens na medicina ayurvédica). E essa limpeza do nariz não vai ajudar apenas na respiração, ela também permitirá que você possa saborear o aroma dos alimentos mais plenamente.

Óxido nítrico: O segredo mais bem guardado do cantarolar

Cantarole durante algumas expirações. Preste atenção ao som. Agora, finja um "orgasmo alimentar", gemendo um "mmm" de apreciação. Preste atenção ao som. O seu cantarolar não se parece com seu "mmm"? Essa pequena curiosidade é outro segredo bem guardado, e isso tem uma influência sobre o relaxamento. O cantarolar nasal (e o cantar, em geral) provoca a liberação de uma quantidade substancial de óxido nítrico (NO). Qual é o significado disso? Louis Ignarro, professor de farmacologia da Escola de Medicina da UCLA e vencedor do Prêmio Nobel de 1998, laureado por sua descoberta sobre a importância do óxido nítrico, descreve o NO como "uma maravilhosa droga natural do corpo humano" (2005, xiii).

De acordo com um relatório publicado na revista especializada *American Journal of Respiratory and Critical Care Medicine*, "Os seios paranasais são grandes produtores de óxido nítrico" (NO). Os pesquisadores levantaram a hipótese de que "o fluxo de ar oscilante produzido pelo zumbido ao cantarolar pelo nariz poderia melhorar a ventilação do seio nasal e, consequentemente, aumentar os níveis de NO" (Weitzberg e Lundberg 2002, 144). De fato, eles estudam esse aumento de NO pelo cantarolar nasal por um fator de quinze quando comparado com a exalação silenciosa.

Por que isso é de alguma relevância para o primeiro prato da nova refeição? Porque a liberação de óxido nítrico acontece tanto para acompanhar quanto para amplificar o efeito do relaxamento. Aqui está o que Herbert Benson, o mandachuva da pesquisa no Ocidente sobre o relaxamento, tinha a dizer sobre o óxido nítrico em seu livro *Relaxation Revolution*: "Aqueles que são praticantes das técnicas de corpo e mente [tendem] a experimentar baixa pressão arterial, uma atividade cerebral mais calma, *emissões saudáveis de óxido nítrico em células do corpo* e outros benefícios físicos e emocionais" (Benson e Proctor 2010, 22, grifo meu). Benson explica que a "liberação de óxido nítrico nas células do corpo... serve como um vasodilatador, um agente que expande os vasos sanguíneos. Esse processo de dilatação pode ser altamente eficaz na redução da pressão sanguínea" (129). Ele também explica que o óxido nítrico é "associado com a boa saúde, incluindo respostas antibacterianas e antivirais e também mudanças benéficas no sistema cardiovascular" (77).

Este petisco curioso de psicofisiologia é uma joia para o know-how do comer consciente. Mais tarde, vou ajudá-lo a incorporar esse efeito relaxante do cantarolar nasal na arquitetura da nova refeição. Mas primeiro vou apresentar alguns exercícios de aumento da conscientização.

✓ Tente isto: Faça do "mmm" seu mantra

Considere o "mmm" como um mantra do prazer gustativo – o Om da alimentação consciente. "Mmm" é a música do ato de saborear. E, de fato, esse som, como nenhum outro, celebra a consciência do prazer. Emitimos um *mmm* durante um orgasmo ou intenso prazer. Soltamos um *mmm* durante uma dor para se autorreconfortar. Liberamos um *mmm* quando estamos apreciando um sabor. Pratique essa maneira de ampliar sua experiência de comer, fazendo o som "mmm" enquanto você desacelera para saborear um momento particularmente feliz numa refeição. Mas também adquira o hábito de fazer *mmm* em antecipação à primeira mordida.

✓ Tente isto: Faça alguns noms

Vamos tentar um pouco de magia semântica. Considere a seguinte equação mnemônica:

NO (óxido nítrico) + OM (mantra) = NOM

Voilà! Agora temos uma fórmula mnemônica fácil de lembrar para o relaxamento no primeiro prato de nossa refeição consciente. Como isso funciona? Simples: antes de comer (com prazer consciente e atenção plena), faça alguns sons nom. Vá em frente e comece a experimentar esse som de satisfação para apreciar o seu cantarolar nasal e reconfortante. Faça sempre alguns noms de relaxamento antes de comer.

✓ Tente isto: Um cantarolar comprido

Recentemente tive a oportunidade de assistir a uma reunião dos irmãos Das, Krishna Das e Lama Surya Das. Em algum momento, os dois sentaram no palco enquanto Krishna Das conduzia um público de duzentas ou mais pessoas em vários cânticos e mantras hindus. Sem conhecer a maioria dessas sílabas, e muito menos seus significados, muitas das pessoas na plateia pareciam apenas fazer soar um murmúrio comprido. O efeito resultante foi uma vibração fluida e reconfortante. Quando Krishna Das emitiu seu canto final, não houve um único som de aplauso; ninguém fez nenhum barulho pelo que parecia ser, pelo menos, dois minutos. A julgar pela minha própria experiência, a multidão simplesmente derreteu-se em seus assentos em profundo relaxamento. Krishna Das sabiamente permitiu-nos levar o tempo que precisávamos para nos recompor e, então, todos nós nos juntamos em outro som, um som muito mais ocidental: o aplauso estrondoso da ovação.

O que eu quero dizer é que o cantarolar e os mantras são atividades poderosamente relaxantes. Tente murmurar com a boca fechada. Coloque a palma da mão de um lado do rosto para sentir a ligeira vibração de seu maxilar. Em seguida, toque levemente as narinas com o polegar e o dedo indicador como se fosse começar a apertar o nariz e emita o som novamente, dessa vez sentindo a vibração leve, mas insistente, das narinas quando as correntes de ar começam a sair de seu nariz. Você também pode tentar a chamada meditação para respiração zumbido de abelha *(bhramri pranayam):* feche os olhos, tape os ouvidos com os dedos indicadores, e emita alguns "zumbidos" para amplificar essas vibrações calmantes.

Pré-carga de cheiros e sabores

Embora todo ato de cheirar seja uma inalação, nem toda inalação é cheirar. O que transforma a inspiração em um ato de cheirar é a presença da mente. Cheirar é um ato de processamento de informações. Portanto, cheirar de maneira irracional não é realmente cheirar. Dito de outro modo, cheirar é respirar para dentro (inalar) com atenção.

Cheirar é um sentido distal, periférico: ele nos permite tocar (isto é, sentir e, logo, conhecer) um objeto a distância. Assim, cheirar a comida é tocar na comida de longe. Portanto, cheirar é o começo de comer. Talvez, então, não seja de estranhar que cheirar de maneira consciente, com a força da atenção, pode ser um caminho para preparar uma sensação de saciedade e, assim, pré-carregar os sentidos e evitar excessos.

Alan Hirsch, um médico americano que desenvolveu o método de controle do apetite Sensa, descobriu que sentir o aroma da comida de maneira consciente e com atenção plena antes da refeição facilita essa sensação de saciedade e, portanto, reduz a quantidade consumida. De acordo com Hirsch (1998), o cérebro relaciona a quantidade de aroma e cheiros que inalamos com a quantidade de alimento que ingerimos. Aparentemente, quanto mais você sentir o cheiro da comida, menos você vai comer. Será que isso é bom demais para ser verdade? Coloque o seu nariz para testar...

✓ Tente isto: Sinta o cheiro antes de abocanhar a comida

Nas próximas vezes que você comer, experimente "sentir o cheiro antes de abocanhar a comida", como uma pré-carga de cheiros antes de começar a se alimentar; é também útil fazer uma pausa entre uma mordida e outra para apreciar o aroma da comida uma ou duas vezes.

✓ Tente isto: Aqueça sua sensação de saciedade

De acordo com Alan Hirsch, refeições quentes emitem mais aroma do que pratos frios (1988). Com isso em mente, tente aquecer o seu sentido de plenitude e de saciedade com uma xícara de caldo de carne bem quente. (Vegetarianos, não se preocupem, vocês podem experimentar isso com cubos de caldo de legumes.) Mas em vez de consumir o caldo de carne, simplesmente deixe-se preencher com o aroma. Faça algumas inalações suaves e conscientes e deixe escapar com um "mmm" pelo nariz. Incendeie a sua satisfação!

✓ Tente isto: Coma com o nariz

O cheiro da comida representa a parte do "leão" do sabor total do alimento. Cheirar é comer. Quando você sentir o cheiro de um determinado alimento, não importa o quão longe de seu nariz ele possa se encontrar, você estará, de fato, entrando em contato direto com as quantidades minúsculas de partículas daquela comida que vagueiam em suas passagens nasais. Então, se você sentir cheiro de chocolate, mesmo não havendo nenhum chocolate à vista, e muito menos em sua boca, já há chocolate em seu nariz e em sua mente. Tente fazer algumas inalações conscientes antes de comer. Tente "comer com o seu nariz", como uma maneira de relaxar e de carregar previamente os seus sentidos.

Juntando tudo: Faça uma inspiração profunda e exale um mmm!

Eu ofereci uma série de técnicas para ajudá-lo a experimentar o relaxamento e os aspectos de uma carga prévia de respiração. Agora, aqui está uma maneira de integrar tudo isso como seu primeiro prato da refeição: defina a comida que planeja comer e depois prepare seu corpo. Gaste alguns minutos respirando profundamente e de maneira consciente. Cada inalação vai ser o dobro como respiração diafragmática e o pré-carregamento nasal. Enquanto exala, emita "hummmm" pelo ar. Desse modo, cada exalação vai servir como um relaxamento turbinado (por causa da não liberação) e prazeroso (pelo saborear olfativo que estará fazendo). Que maneira ótima de embalar todo o seu pique para relaxar, hein?

Não se preocupe, enquanto há muita coisa acontecendo aqui, conceitualmente, sob a ótica comportamental, tudo é bastante simples. Vamos examinar esta pequena rotina novamente: você está sentado em uma mesa com comida bem à sua frente. Você começa a sua refeição com uma etapa de relaxamento, que envolve fazer uma profunda inalação para sentir o cheiro, consciente da comida que está a sua frente, permitindo que o ar preencha os pulmões enquanto o diafragma se expande para baixo. Em seguida, você expira com um satisfeito cantarolar prolongado, soltando-o pelo nariz. Ou seja, para dentro, enche os pulmões; para fora, solta o ar pelo nariz.

Tente agora mesmo. Pratique um ciclo de respiração satisfatória de inalar o relaxamento e exalar o estresse. Inale aromas e exale satisfação pelo nariz, se você puder, ou pelos lábios, se necessário for. Quanto tempo você demora para fazer isso? Não deve ser muito tempo – apenas uns dois minutos. O bom disso tudo é que você não precisa nem separar algum tempo em sua agenda para realizar esse poderoso relaxamento e combiná-lo com uma carga anterior. Você pode apenas inserir esse exercício em seu ritual de alimentação, assegurando, porém, uma chance de vivenciar uma dose de relaxamento profundo exatamente quando ele funciona melhor: quando o estômago está vazio, logo antes de comer. Deleite-se com o fato de que você está realizando tanto com tão pouco: diminui o estresse em geral; reduz ou previne o ato de comer baseado no estresse ou em cargas emocionais prejudiciais; evita excessos na alimentação ao se carregar previamente com os aromas da comida; e se permite um momento de satisfação consciente e de prazer em saborear o momento e o aroma do alimento.

Respirando no treinamento da consciência da saciedade

Fazer essa respiração abdominal profunda é uma excelente maneira de preparar sua mente para perceber a sensação de saciedade no alimentar. Essa consciência de saciedade, de plenitude (ou de monitoramento somático, como às vezes eu a denomino) é uma das habilidades essenciais da alimentação consciente. Podemos conceituar a plenitude, ou saciedade, como sendo uma espécie de *continuum*. Quase que imediatamente depois de comer algumas garfadas cheias de comida, a sensação de fome vai embora (supondo que você estivesse com fome quando começou a comer). Este é um momento de alívio da fome. Se você continuar comendo além desse ponto, em breve vai começar a notar a distensão agradável de seu estômago, uma vez que ele se enche de comida. Esse início de saciedade agradável geralmente é um bom momento para você parar de comer.

Parar de comer quando você está menos do que totalmente satisfeito ou apenas agradavelmente satisfeito é, de fato, um dos segredos de uma vida longa e saudável. Em seu livro *Blue Zones: Lessons for Living Longer from the People Who've Lived the Longest* (2008), o explorador e especialista em longevidade Dan Buettner explica o princípio do *hara hachi bu* dos anciãos de Okinawa, conhecidos por sua longevidade: pare de comer quando seu estômago estiver 80% cheio. Se continuar comendo após o início dessa agradável saciedade, você acaba com uma sensação desagradável, se não dolorosamente estufado. Para evitar que isso aconteça, inicie a prática de prestar atenção à distensão gradual do seu estômago quando ele anuncia o início emergente da saciedade. Fazer algumas respirações abdominais profundas e concentrar-se na região do estômago quando estiver ingerindo comida irá ajudar a preparar a mente para se focar no início da distensão de seu estômago.

✓ Tente isto: Simule a saciedade para reconhecer a saciedade

Para praticar a consciência de saciedade, quando você se sentar para uma refeição, faça algumas inalações profundas (para se pré-carregar do cheiro da comida). Expire pelo nariz, cantarolando para aumentar a satisfação e a liberação de óxido nítrico. Depois de algumas poucas respirações, procure perceber conscientemente que a distensão abdominal que está começando a sentir é a assinatura sensorial da saciedade. Fique sintonizado nisso quando começar a comer. Observe a si mesmo, "está bem até aqui, esse é o meu sinal de saciedade", enquanto começa a sentir que seu abdômen vai se expandir. Ao simular a sensação de saciedade antes de comer dessa maneira, você pode aprender a reconhecer o início de saciedade mais tarde, durante a própria refeição.

Tente levar as coisas mais longe: faça uma respiração abdominal mais profunda dessa vez, permitindo que sua barriga se expanda o mais forte que conseguir. Observe a tensão sutil e o peso que vem com essa distensão abdominal. Ela é, aproximadamente, a zona de perigo entre o extremo da saciedade mais agradável e o início de se sentir dolorosamente estufado. Se você usar um momento de sua respiração profunda para se lembrar dessa sensação pouco agradável antes da refeição, isso vai ajudá-lo a aprender a parar de comer antes de ficar de barriga muito cheia.

Ar primeiro e, depois, água

Até agora temos discutido o relaxamento focado na respiração. No entanto, o primeiro prato do relaxamento na nova refeição não estará completo sem a relaxante carga prévia e tão benéfica provocada pela ingestão de água. Vou explicar esses benefícios em um momento, mas primeiro tente realizar as seguintes experiências de conscientização.

✓ Tente isto: Experimente o bloqueio da água

É melhor fazer isso com o estômago vazio, ou pelo menos quando você não estiver com o estômago muito cheio. Sirva-se de dois copos grandes de água. Faça algumas respirações abdominais profundas. Observe como fazer isso é relativamente fácil. Em seguida, beba todo o conteúdo de um copo de água, e então procure fazer uma respiração abdominal profunda.

Observe a redução sutil na sua capacidade de respiração. Com a água preenchendo o seu estômago, o diafragma já não fica mais tão livre para se expandir como antes. Como resultado, você vai sentir sua respiração mais rasa. Agora beba o segundo copo de água, em seguida, tente novamente fazer uma respiração abdominal profunda. Observe a progressão: fazer essas respirações profundas agora se tornou cada vez mais difícil. Porque ter um estômago cheio de água bloqueia parcialmente o diafragma e não permite mais que você faça essas respirações profundas e relaxantes. Na verdade, você está de barriga cheia demais para poder relaxar completamente.

Isto tem algumas implicações: se você quiser aproveitar o máximo de descontração e de relaxamento antes de comer, comece com o ar (respiração profunda), e não com água. Ar primeiro e, depois, água. Além disso, reconheça que o ato de beber água, assim como de cheirar a comida de maneira consciente, tem uma função de pré-carregar você. De procurar saciá-lo previamente. Porque cria essa sensação de saciedade mesmo antes de começar a comer, o que é, claro, algo que vem a calhar quanto se trata de prevenir a pessoa de comer em excesso.

✓ Tente isto: Estude a interação entre respirar e beber

Prepare um copo com água, mas não o beba ainda. Apenas observe a sua respiração, deixando-a exatamente como ela está; não há nenhuma necessidade de modificá-la. Em seguida, tome um gole de água e observe o que acontece com a sua respiração: ela para. Seus pulmões entram em pausa para permitir que você tome fôlego. Beba o copo inteiro de água assim, um pequeno gole de cada vez, observando o efeito sobre o seu padrão geral de respiração. É provável que comece a notar que sua respiração fica mais lenta e que você começa a se sentir relaxado. O corpo é inteligente. Ele não quer que você engasgue. Ele faz uma pausa para você tomar um gole e, ao fazê-lo, relaxar.

O pré-carregamento com água

As pesquisas sugerem que um pré-carregamento por beber dois copos de 240 ml de água antes das refeições pode ajudar no sucesso da perda de peso (Davy et al. 2008). Outro ponto de interesse é que o ato de não beber água suficiente reduz a atividade da sintaxe do óxido nítrico, uma enzima que converte o aminoácido L-arginina em óxido nítrico, aquela milagrosa molécula de relaxamento (Bryan e Zand 2010). Tendo em vista os muitos benefícios potenciais de se beber água antes de uma refeição, você vai, sem dúvida, estar ansioso para vivenciar essa experiência de saciedade induzida e beber seu copo de água imediatamente.

✓ Tente isto: Sinta o poder da água

A fome funciona mais como um sistema de alarme do que como um indicador de quanto é preciso comer (Craighead 2006). Só porque você pode estar se sentindo com uma fome extrema não significa que tem que comer demais. Da próxima vez em que sentir as pontadas de fome, tome um gole de água e observe como a urgência da sua fome diminui. Fabuloso, hein? Essa é a força e o poder da água! Se você está realmente morrendo de fome, tome uns dois copos de água e veja se a sensação de fome ainda continua lá.

✓ Tente isto: Apague o fogo do estresse

Beber água é uma ótima técnica para se lidar com problemas e até superá-los. É uma coisa simples e pode ser uma ajuda eficaz para relaxar. Como mencionado anteriormente, nessa preparação para beber o corpo modifica involuntariamente a respiração de uma maneira que é algo relaxante. Além disso, tomar um gole de água gelada por si já é algo relaxante. A sensação da água descendo pela garganta até o estômago se parece com uma mão fazendo carinho em você. Quando se sentir estresseado, tome um gole de água e veja como ela acalma a garganta e resfria a boca ressecada por causa do estresse. Além disso, beber lentamente um copo de água é um processo que pode lhe dar um momento de uma ação não contemplativa. Então, sempre tome um copo de água para lavar os sentimentos de sentir-se esgotado pelos problemas.

✓ Tente isto: Regue o mundo com água

Estamos entrando na era de Aquário, o doador da água. Experimente se tornar um doador de água para o mundo também. Antes de sua próxima refeição, encha um copo com água e use-o para regar qualquer coisa que ache poder precisar de água, e, ao mesmo tempo, tome um gole do mesmo copo enquanto caminha em torno de sua casa ou de seu quintal. Regue um vaso de plantas e tome um gole desse mesmo copo. Despeje um pouco da água de seu copo na tigela de água de seu animal de estimação, em seguida, tome você mesmo um gole do mesmo copo. Compartilhe um pouco da água do copo com uma árvore ou com a grama do quintal, enquanto continua dando goles intermitentes nesse copo. Se você não tiver plantas em casa, nem animais de estimação, ou quintal, vá para a rua com uma garrafa de água e procure a árvore mais próxima, um arbusto ou uma planta, e realize essa rotina por lá. Medite sobre o que está ocorrendo: nós, animais, precisamos de água para funcionar, assim como todas as demais matérias vivas neste planeta. Pondere sobre esse denominador comum ao compartilhar esse precioso recurso natural. Reconheça que dar água é dar vida, que compartilhar a água é compartilhar uma conexão, e ser capaz de enxergar como somos parecidos é transcender as nossas diferenças. Seja Aquarius.

✓ Tente isto: Vivencie o corpo garrafa

Lembre-se de que somos essencialmente tubos vivos. Sim, conscientes, até mesmo espirituais, mas ainda assim somos mais ou menos como tubos vivos. Não há melhor maneira de experimentar isso do que esvaziar um copo de água gelada com o estômago vazio. Então, espere até se sentir vazio, em seguida, tome um ou dois copos de água. Perceba a água correndo pela garganta. Sinta essa água preenchendo-o por dentro. Mexa o abdômen para dentro e para fora para fazer a água chacoalhar dentro de sua barriga. Como você pode ver, seu corpo é como uma garrafa (é por isso que chamamos a parte superior da garrafa de pescoço). É claro que, ao contrário de uma garrafa real, você tem uma saída, além de uma entrada, o que faz de você um tubo com válvulas. "E o que isso significa?", você pode se perguntar. Não muito, apenas uma verificação da realidade de se reconectar com seu corpo. Entrada, saída – seria bom você apreciar a simplicidade fundamental por trás da complexidade desses detalhes corporais. Você é um sistema aberto, suas válvulas são uma espécie de porta de vaivém pela qual o fluxo da vida passa.

Shunryu Suzuki, um mestre zen de renome, escreveu certa vez: "Se você pensa: 'eu respiro', o "eu" é extra. Aí não há nada que diga 'eu'. O que chamamos de 'eu' é apenas uma porta de vaivém que se move quando inalamos e quando exalamos. Ela só se move, isso é tudo. Quando sua mente está pura e calma o suficiente para seguir esse movimento, não há nada: não há 'eu', não há nenhum mundo, nenhuma mente, nem corpo, apenas uma porta de vaivém" (2010, 11-12). O mesmo acontece quando você bebe: você não é o que passa pelo seu corpo. Você não é nem mesmo o pensamento "Eu bebo", muito menos o pensamento "Eu sou como uma garrafa" ou "Eu sou um tubo vivente". Tudo isso é apenas a informação que flui ao longo do seu corpo. Contudo, o que é esse "você"? Quem é esse que respira, que bebe, come e está lendo este livro? Você vai ter que esperar até o segundo prato – conectar-se com sua mente (capítulo 3) – para mastigar essa caloria existencial. Nesse meio tempo, apenas encha o corpo garrafa e contemple.

Esvazie a mente para se apropriar dos excessos emocionais

O relaxamento, sendo o primeiro prato da refeição, tem o benefício adicional de evitar excessos emocionais e a compulsão alimentar baseada no estresse. Quando você está estressado, a mente se encontra sobrecarregada, isto é, cheia de pensamentos psicologicamente angustiantes. Você pode esvaziar a mente com uma porção de relaxamento focado na respiração, em um copo de água, ou ambos.

✓ Tente isto: Encha o corpo para esvaziar a mente

Para relaxar, desestressar e, principalmente, para que você mesmo possa exercitar a alimentação consciente, em primeiro lugar deve esvaziar a mente. Abra espaço para a presença. Prepare sua fome para uma experiência e então preencha tudo com o momento. Deixe a mente ficar tão vazia como uma tigela antes de enchê-la com sopa. Com o exercício da atenção plena, o ato de se alimentar de maneira relaxada é a mesma coisa que comer com a mente vazia, então esvazie a mente antes de encher o estômago. Mas como?

O melhor caminho para esvaziar a mente é encher seu corpo, e o que significa isso? Significa focar em tudo que está acontecendo ao seu redor. O que significa isso? Significa usar os seus sentidos, isto é, sentir, não pensar. É por isso que eu encorajo você a iniciar cada refeição com um primeiro prato de relaxamento consciente, e com foco no corpo. E desde que a respiração é o corpo, o relaxamento focado na respiração é o relaxamento focado no corpo. Concentre-se no corpo de sua respiração para esvaziar sua mente. Entenda que a atenção plena não é a plenitude da mente, mas sim o vazio da mente, o estado da mente que é igual a um estado do corpo. Da mesma maneira que percebe a respiração, reconheça que não há nada, a não ser o momento. Não há passado, não há futuro. Só existe este momento, e isso é o suficiente. O que quer que existiu, já não é. O que quer que possa vir a existir, ainda não é. Mas aqui está você, seu corpo vivo e respirando. Esse corpo é o próprio fundamento de sua existência, e é por meio dele que sua mente floresce. Observe a sua respiração para concentrar-se. Não há melhor verificação da realidade do que a sensação do ar passando para dentro e para fora de seu nariz.

✓ *Tente isto: Experimente o agora durante a refeição*

O ato de comer acontece sempre no tempo presente. Não podemos comer no passado ou no futuro. Só podemos comer no agora. Quando você se senta para comer, reconheça o agora no ato da refeição. O que quer que tenha acontecido (de bom ou de mal), já foi. O mesmo é verdade para você: nesse momento, já ultrapassou o que era e chegou ao que é. Colocar uma dose de consciência em sua respiração é a permissão para que possa ser apenas você mesmo. Nesse exato momento, você está livre para apenas... ser. Nada, absolutamente nada, tem que ser diferente nesse momento. Agora é um momento totalmente único – um tempo sobre si mesmo, sobre o agora. É um momento de respiração, um tempo de renovação metabólica e psicoespiritual, uma vez que "Respirar é começar de novo" (Roche 2001, 14).

Menu de relaxamento

Até este ponto do capítulo, eu lhe dei uma boa porção de pequenos pedaços para digerir. Você já teve a chance de realizar uma variedade de exercícios de conscientização que o ajudaram a experimentar diretamente diversos conceitos-chave. Agora é a hora de finalizar o menu para relaxamento e se reconectar com o corpo – o primeiro prato da nossa nova refeição. Experimente todas as práticas que se seguem e já pode começar a integrá-las às suas refeições.

Pratique: Respiração abdominal

Cultive o hábito de começar as suas refeições com pelo menos uma respiração diafragmática consciente, usando o poder da atenção. Programe-se para começar cada refeição com inspirações profundas: hoje, uma vez antes de cada refeição; amanhã, duas vezes antes de cada refeição; no dia seguinte, três vezes antes de cada refeição. A cada dia, adicione mais uma inspiração profunda antes de cada refeição até que você alcance sete vezes. Por que s ete? Isso acrescenta apenas cerca de um minuto do seu tempo. Talvez você queira saber se deveria parar em sete ou continuar a adicionar mais dessas inspirações profundas. Sete é o suficiente. Afinal de contas, ele é o número da harmonia.

Pratique: Pré-carregamento do olfato

Comece a incorporar o hábito de inspirar profundamente e de maneira consciente, mantendo a atenção plena na comida que está à sua frente antes de começar a comer. Complemente suas garfadas com a inalação de todos os cheiros, procurando sentir o aroma da comida, certificando-se de que consiga a sensação de preenchimento e de satisfação antes de começar a comer. Faça hoje uma vez antes de cada refeição, amanhã duas, depois três e continue assim até que chegue a sete. Por que sete? Essa farejada que damos é metade de uma respiração (cheirar é prestar atenção ao que inalamos, por isso a fungada é uma inspiração consciente). Simples, não? Isso leva apenas um pouco mais de um minuto do seu tempo, além do minuto da inspiração do item anterior.

Pratique: O saborear intencional

Comece a desenvolver o hábito de, pelo menos, soltar uma expiração de satisfação. Pouco antes de começar a comer, declare sua satisfação com um murmúrio baixo. Permita-se um orgasmo de comida que seja consciente. A partir de hoje, cantarole ao expirar um orgasmo alimentar antes de cada refeição. Acrescente um desses por dia ao saborear os alimentos até alcançar um total de sete antes de cada refeição. Por que sete? Acho que você já sabe. Um murmúrio cantarolado desses é apenas metade de uma expiração. Então, sete deles juntos significam apenas cerca de um minuto a mais do seu tempo. Então, sim, no final da semana você terá três minutos inteiros imersos nesta rotina: um minuto de sete inspirações profundas, um minuto de sete inalações, e um minuto de sete murmúrios de prazer.

Pratique: Apropriando-se de um superminuto

O que você está dizendo? Você não tem três minutos para dedicar a isso? Ok, então, aqui segue uma dica para economizar seu tempo: pratique inspirações bem construídas que sejam metade pelo nariz e a outra metade soltando o ar cantarolando. A inspiração profunda é uma respiração consciente, a primeira metade sendo a inspiração feita pelo nariz e a segunda metade, um suspiro cantarolado de prazer quando expirar. Você pode realizar todas as três práticas anteriores – a respiração abdominal, o pré-carregamento do olfato e o saborear intencional – em um conjunto de sete respirações. No entanto, isso vai exigir a sua total atenção. Eu chamo isso de um superminuto. Em vez de fazer sete inspirações, depois sete fungadas, e então sete murmúrios dentro de um período de três minutos, você pode embalar tudo isso em um minuto. Como? Ao cheirar a comida conscientemente enquanto faz uma respiração abdominal profunda e fica cantarolando de prazer enquanto expira.

Pratique: Pré-carregamento líquido

Adquira o hábito de conseguir fazer um carregamento prévio de água no organismo. Logo depois de inspirar pelo abdômen, inspirar pelo nariz e soltar o ar enquanto murmura de prazer, tome um copo cheio de água. Passe o tempo que quiser bebendo. Quanto tempo? Quanto tempo você tem para si mesmo, sua abelha ocupada? Esse é o tempo.

Pratique: A consciência da saciedade

Pratique a distensão do abdômen enquanto faz inspirações abdominais profundas, e sinta a saciedade do estômago quando toma água. Reconheça essas sensações de distensão e saciedade como pistas a observar mais tarde, na hora em que estiver comendo. Enquanto estiver inspirando profundamente ou tomando água antes da refeição, basta apenas fazer uma observação consciente para si mesmo: "Aí estão, a distensão e a saciedade. Eu vou precisar estar atento a isso quando for comer".

Pratique: Tome o pulso do estresse

Utilize as próximas semanas para tomar o pulso do seu estresse antes de comer. Quando você se sentar para uma refeição, pergunte a si mesmo: "Estou em risco de comer compelido pelo meu emocional?". Se estiver se sentindo estressado e particularmente em risco de excessos emocionais ou de sofrer uma compulsão alimentar, dobre sua atenção e dedicação sobre o seu aperitivo de relaxamento. Faça algumas respirações extras, quer inspirando, quer expirando, ofereça a si mesmo alguns "orgasmos alimentares" adicionais para aprofundar o relaxamento com a ajuda da liberação de óxido nítrico. Lembre-se também de que, nesse momento, agora, não há nada mais a não ser a respiração, nada mais do que tomar um gole de água, nada mais do que sentir o aroma dos alimentos. Todo o resto pode esperar. Esvazie a mente para antecipar e evitar os excessos emocionais ao se alimentar.

Pratique: Um atalho para o relaxamento

Para aqueles que são superocupados e para os momentos em que você tem que comer em qualquer lugar, aqui está um minirrelaxamento (adaptado de Benson e Proctor 2010, 116): respire profundamente via abdômen e segure por alguns segundos. Herbert Benson recomenda prender a respiração por sete a dez segundos antes de expirar, mas eu não me preocuparia muito com cronometragem nesse momento. Simplesmente permita-se permanecer em uma breve pausa depois de inalar. Em seguida, expire pelo nariz ou com os lábios franzidos e, ao fazê-lo, repita mentalmente uma palavra ou frase que sirva de foco para si mesmo. Considere essas palavras como sugestão: "relaxar", "calma", "paz", "om", ou (o meu favorito) "apenas isso". Escolha algo breve, calmante e que deixe você com os pés no chão. Você pode turbinar essa miniprática de relaxamento de Benson cantarolando ao deixar escapar o ar com os olhos fechados. Essa única respiração, feita dessa maneira, é um excelente atalho para o relaxamento.

Se você tem tempo para comer, tem tempo para relaxar

Largue essa desculpa de que você não tem tempo para relaxar ou para controlar o estresse. Se você tem tempo para comer – e você, obviamente, tem – então terá tempo para relaxar. Na verdade, se você reservar apenas três a cinco minutos para relaxar antes de comer, três vezes por dia, você vai passar de dez a quinze minutos por dia na contemplação focada na respiração. Isso é uma rotina sólida de autocuidado contínuo. Você não tem que apressar o tempo para criar uma rotina de controle do estresse em separado, algo que seja autônomo. Você já tem uma rotina que procura cuidar de seu estresse. Chama-se comer. Basta acrescentar um prato especial de relaxamento nessa rotina.

Se você não tiver cinco minutos (para sete inspirações e sete expirações, sete murmúrios de prazer, e um momento ou dois de saciedade consciente), então faça aquele superminuto que já sugeri. Tenho certeza de que você sempre pode encontrar pelo menos algum tempo para si mesmo antes de comer. Então aposente sua desculpa favorita: não ter tempo suficiente. Você não precisa de nenhum tempo extra aqui. Normalmente as pessoas já reservam algumas horas para se alimentar várias vezes ao dia. Você só precisa adaptar o tempo que já reservou para acabar de comer no final de cada refeição, substituindo-o por um prato de relaxamento consciente. Quem sabe consiga economizar algum tempo – ou ganhar algum tempo – ficando por aqui mais alguns anos.

Conclusão: Uma visão de cuidados pessoais que se nutrem sozinhos

Lembre-se de que a nova refeição é um evento total que cuida do corpo e da mente – que pode ser repetido sempre que se sentir pronto para comer. Essa atividade abrangente de cuidados pessoais ligados à alimentação começa com uma entrada de relaxamento turbinado que envolve a ingestão consciente de ar e de água. Imagine por um momento um fluxo de cinco correntes: um fluxo de ar, uma corrente de água, um fluxo de relaxamento, um fluxo de saúde e uma torrente de prazer. Imagine que esses fluxos estão se unindo em um único fluxo inseparável de bem-estar que flui pelo seu interior.

É isso que o primeiro prato do relaxamento procura criar. Ele reúne as correntes de controle do estresse e as correntes de sintonia física em apenas um prato, um fluxo de cuidados pessoais que se autoalimenta. E ele realiza tudo isso sem que você tenha que pôr de lado qualquer momento separado para se cuidar. Em vez disso, o relaxamento é construído levando em consideração a rotina de comer que já está em vigor. Todo esse primeiro prato de reconectar-se com o seu corpo não precisa tomar mais do que alguns minutos no início da refeição.

Imagine um tempo em um futuro não muito distante, quando você já cultivou essa rotina, quando conseguirá alguns momentos para si mesmo duas ou três vezes por dia, sem precisar reservar nenhum horário especial do dia e nem ocupar um tempo de sua vida agitada. Esse acréscimo nominal de alguns minutos terá um efeito-cascata surpreendente. Esse relaxamento focado na respiração e perfeitamente cronometrado (que ocorre quando o estômago está vazio e, portanto, permitindo uma respiração diafragmática sem obstrução) é turbo alimentado com aqueles murmúrios de prazer que ativam o óxido nítrico em um primeiro prato fisiologicamente inteligente, elegante, emocionalmente sábio e eficiente quanto ao tempo que irá ajudá-lo a permanecer no curso da atenção plena.

Um amuse-bouche para interromper o padrão

Então aqui está você, no final de mais um capítulo. Espero que esteja gostando desse bom começo. Antes de correr para o capítulo seguinte, limpe seu paladar da mente com algumas dicas de meditação que provocam sua atenção e são cuidadosas e conscientes. A "receita" não poderia ser mais simples: abra a mente antes de abrir a boca. Como? Comece suas próximas refeições com os aperitivos de interrupção de padrão logo abaixo. Faça com que o zumbi glutão aí dentro se levante do lado errado da cama. Então, aproveite a confusão esclarecedora do momento de comer que se segue.

– Comer é se apoderar –

Comer é metabolicamente um ato interesseiro. Nós literalmente devoramos o meio ambiente. Nós nos apoderamos daquilo que precisamos – matéria, energia, vida – e expelimos aquilo de que não precisamos. Como tal, comer é uma operação de mão única, um "tráfego de alimentos de sentido único" (La Barre 1954, 10). Então, a quem você deve agradecer? À Terra? A si mesmo? A ambos? A ninguém? Vou deixar isso para você descobrir.

— Comer é destrutivo —

Na alimentação, tomamos algo em ordem e geramos resíduos. Na verdade, a vida cria a vida e, em seguida, a própria vida a destrói. O Universo faz crescer uma bela laranja. Então, nós a descascamos, comemos e a destruímos. Comer é um processo químico-mecânico de demolição. Não há nada de errado nisso. É apenas algo para se pensar enquanto estiver mexendo seus maxilares.

— Comer é intimidade —

Comer é tocar. Nós primeiro sentimos o cheiro (um modo micro de toque) e o sabor (um modo macro de toque) do ambiente. Após esse beijo sensorial, ingerimos esse ambiente, e então ele nos toca por dentro enquanto permitimos que ele penetre profundamente em nosso corpo, como a língua de um amante. Comer é a intimidade entre o ego e o eco. Comer é sexo, comer é união, comer é prazer. É partilhar.

— Comer é um fluxo —

Considere, por um momento, um tubo com água corrente por ele. O fluxo que sai é diferente do fluxo de água que entra? Sim e não. Nossa mente dualista pode certamente separar esse processo unificado de água que flui através de um tubo em dois aspectos: entrada e saída. Mas isso é apenas a mente trabalhando. Ela gosta de dividir a unidade do que existe em dicotomias desnecessárias. Na realidade, a entrada e a saída são um e o mesmo fluxo. Agora, pense em comer e defecar.

Esses dois eventos não são verdadeiramente dois, porque são um. Claro, podemos olhar para o comer e o defecar como sendo dois processos separados. Ou podemos aceitar o fato de que comer e defecar são apenas a entrada e a saída do fluxo de comida que percorre os tubos que somos. Só porque é preciso tempo para que esse fluxo de alimentos possa passar de um lado para o outro não significa que ele não seja o mesmo fluxo. Portanto, antes de investigar a ingestão de alimentos em seu trato digestivo, considere a verdade "inconveniente" de que esse fluxo de alimentos se sente bem em ambas as extremidades. Ele se sente bem em preencher aquilo de que precisamos, e se sente bem em se livrar daquilo de que não precisamos. Para levar essa linha de pensamento um pouco mais longe, considere as hidras – pequenos organismos de água doce, com um design gastrointestinal evolutivo mais primitivo. Nessas criaturas simples, a boca funciona como um ânus. Não é um pensamento particularmente agradável, mas certamente cheio de calorias que são padrão de interrupção!

– O rio de alimentos que corre dentro de nós –

O neurofisiologista e cientista comportamental Ralph Gerard escreveu certa vez: "A estrutura e a função de um organismo têm sido muitas vezes comparadas a um leito de rio e a um rio, e existem muitas analogias sagazes entre o fluxo da vida e o da água. Não se pode dizer simplesmente que as margens controlam o fluxo ou a correnteza do canal, pois um age sobre o outro e reage, por sua vez, sobre si mesmo... [Um] rio que está seco durante a maior parte dos anos envelhece mais lentamente do que um rio com um fluxo contínuo" (1961, 322-323). O mesmo acontece com o fluxo de alimentos pelo leito do aparelho digestivo. Assim como a água que flui pelo leito de um rio corrói as margens dele, o próprio alimento que nos sustenta também nos mata, com o tempo. Comer é um processo de produção de energia, e a produção de energia é uma das causas dos radicais livres. De acordo com Hari Sharma, em seu livro *Freedom from Disease*: "A razão mais provável para o fato de que metabolizar menos comida [a restrição calórica] aumenta a expectativa de vida é a correlação entre o metabolismo e a produção de radicais livres" (1993, 30). Nas palavras de Sharma, "A queima de calorias é, em última instância, um processo de autolimitação" (1993, 52). Comer é uma fonte de deterioração ou desgaste causado pelo uso, e quanto mais rápido os alimentos correm pelo rio, menos tempo eles duram.

capítulo 3

Segundo prato: Reconectando-se com sua mente

Não deixe que se forme gelo no livre fluxo das águas da consciência inata ao aderir a padrões antigos ou por ficar descansando tranquilamente em estados temporariamente agradáveis da mente, como o não pensar, a felicidade, ou a clareza de pensamentos; rompa esses padrões ao procurar quem está em paz, quem tem ideias inovadoras, quem é feliz. E, de repente, largue tudo e deixe ir, libere, respire profundamente, e comece de novo – tudo novo, estando presente de maneira atenta e muito vívida.

— Lama Surya Das, *Natural Radiance*

A refeição dos velhos tempos começa com a abertura da boca. A nova refeição começa com um antepasto de relaxamento e prossegue com a abertura da mente. O primeiro prato da nova refeição é o relaxamento, e o segundo é uma porção de si mesmo. Em outras palavras, o primeiro prato de relaxamento ajuda a redescobrir o seu corpo, e o segundo curso ajuda-o a redescobrir o descobridor: você mesmo. Lembre-se da trindade do comer consciente: há comida, há o comer, e existe aquele que come (aquele que faz a ingestão do alimento). O segundo prato é o alimento da alma, uma porção de calorias existenciais. Em resumo, o segundo prato da nova refeição não incide sobre a comida, mas sobre aquele que come. Isso é fundamental, é a chave. Antes que você possa se concentrar no processo de comer em si (o terceiro prato, discutido no capítulo 4), você – aquele que come – tem que aprender a mostrar-se naquele momento de comer.

Uma palavra sobre confusão

Confusão, a meu ver, é um pré-requisito para a clareza. A confusão ocorre quando você não sabe o que é o quê. Quando você não sabe isso, sua mente fica aberta para o que existe de fato, em oposição ao que pensou que fosse. Como tal, a confusão é uma liberação de categorias. É uma liberação das certezas que nos prendem a clichês de padrões de pensamento. É o início de uma fuga de presos da prisão de palavras. Então tolere isso. Melhor ainda, abrace isso. Esse é o único caminho para a clareza, que não deve ser confundida com a certeza. Temos que criar uma *clareira na mente* para que você possa aprender a enxergar a *si mesmo* – um ponto de passagem que vai ajudar a impedir que você se perca na vertiginosa mente vazia de mais um evento baseado no antigo modo de se fazer as refeições.

Enquanto explico o que significa esse segundo prato da nova refeição, preciso que você, leitor, me dê o benefício da dúvida. Não estou sendo desnecessariamente confuso – não totalmente. Estou sendo *necessariamente* confuso. Esse é o melhor caminho que conheço para ajudar você a ultrapassar a confusão de palavras. Não estou sendo um sujeito esperto, apenas procuro usar uma abordagem que funciona. Você poderia dizer que isso é um tipo de conversa hipnótica: você e eu caminhando por um corredor de palavras. Eu aponto para uma porta-palavra do seu lado e o incentivo a entrar naquela sala da mente que fica além das palavras. E você diz: "Mas esta porta-palavra não tem nenhuma maçaneta com significado!". E eu digo: "Exatamente!". Então, talvez uma lâmpada de insight se apague em sua mente. Se isso não acontecer, não é grande coisa. Podemos sempre procurar outra porta.

Curso de meditação

Depois de ter desfrutado de um primeiro prato de relaxamento, de ter notado o seu corpo quando está prestes a comer, parece ser um bom momento para se perguntar: "Quem é que vai comer, eu ou um zumbi glutão?". Espero que seja você – o seu eu consciente, e não aquele que o está levando no piloto automático. Esperemos que o seu eu consciente e totalmente presente esteja lá, e não o você irracional. Aqui está a lombada que pode ajudá-lo a diminuir o ritmo e tornar-se presente: perguntar a si mesmo quem é seu eu consciente, isto é, colocar a questão para seu próprio eu. A pergunta a fazer a si mesmo antes de abrir a boca é: "Quem sou eu? O que é essa sensação de presença que chamo de 'eu'?". É aquele pronome sem sentido do ponto de vista da informação, ou aquela sombra oblíqua pronominal "eu"?

O segundo prato é a meditação, que ilumina. Considerando que o primeiro prato da nova refeição, o relaxamento, relaxa o corpo e a mente, a meditação ilumina, revelando que o corpo e a mente são um só, que a palavra "corpo" e a palavra "mente" se referem a um único e mesmo ser – um ser que fica muito além das palavras. O relaxamento alivia a dualidade corpo-mente. Mas a meditação recolhe a dualidade corpo-mente em uma noção de *corpomente* sem hifenação e depois, como se isso não fosse suficiente, o leva para além do verbal, diretamente para dentro da toca do coelho do além-do-ego.

Por que se preocupar com esse tipo de pré-refeição da autodescoberta? Porque ela é essencial para transformar uma refeição sem sentido em uma rotina total de cuidados pessoais do *corpomente*:

1. Primeiro prato: relaxamento

2. Segundo prato: meditação

3. Terceiro prato: o comer consciente

A sequência é importante. É difícil mostrar-se para o ato de comer, para ser aquele que come, quando você está tenso, preso ao estresse, ou preocupado com alguma coisa que não seja comer – em outras palavras, quando algo está comendo você. O primeiro prato de relaxamento permite que você libere o passado. O segundo prato permite que você fique enraizado no presente. Comer é o que se segue.

Mas como você faz essa coisa de meditação? Essa é sempre a pergunta. E observe como as perguntas geram mais perguntas. Em primeiro lugar, nós perguntamos: "Quem é que vai comer, eu ou um zumbi glutão?". Isso leva à pergunta: "Quem sou eu? O que é essa sensação de presença que chamo de 'eu'?". Considere isto: as perguntas são sempre buscas, e todas as buscam envolvem ir atrás de algo. A pergunta é uma corrente de investigação, um vetor da atenção. Conforme você se move para a frente, o horizonte sempre recua e a estrada sempre se estende. O mesmo é verdade para a busca de palavras: conforme você avançar em sua investigação, em sua busca, o horizonte de investigação do desconhecido continua recuando e o caminho da palavra continua se alongando. Então, o que devemos fazer? Como é que vamos chegar lá, ao lugar onde queremos estar? Observe que essas são mais perguntas que imploram por respostas.

A resposta é uma *não resposta*. A resposta é abrir mão da pergunta. A resposta é perceber que você já está onde quer estar, que você já chegou lá, sim, você já chegou, está sempre chegando. A resposta é parar essa busca, mesmo que por apenas o momento presente, a fim de deixar de procurar por meio de uma autodescrição baseada em palavras. Este é o ponto desse segundo prato de meditação: procurar redescobrir a atual vida pré-verbal ou não verbal, que flui em você e que é você. A ideia é, finalmente, servir a si mesmo de um sentimento de *eu* do qual estamos todos tão famintos. O ponto do segundo prato da nova refeição é de abrir mão de qualquer arrazoado, mesmo que apenas por um momento – ou seja, sair da esteira de tempo e despertar para a atemporalidade ordinária de sua essência. No segundo prato, você come o momento, alimentando-se das calorias do além-ego e tornando-se o momento.

Sim, tudo isso é ainda um amontoado de palavras. Você provavelmente está procurando algo mais tangível. No entanto, as palavras são tudo o que eu posso lhe dar, quer nos encontremos no livro, quer em uma sessão de terapia. No entanto, você não tem que se deter com as minhas palavras. Você pode pegá-las e usá-las para ir além das palavras, em direção ao imediatismo inexprimível da experiência. Na verdade, você pode fazer isso agora mesmo, se perceber o seu eu verdadeiro, aquele que está lendo essas palavras.

Não há nada de acadêmico ou informativo sobre o curso de meditação que apresento aqui. Não há nada para aprender, nenhuma ideia nova, nenhum fato novo, apenas a mesmice de sempre da presença. O curso de meditação, nesse segundo prato da nova refeição, não é um curso de aprendizagem. É apenas uma constatação de que não há nada a aprender agora. É um reconhecimento da vida que flui em você – e uma comprovação de si mesmo, como aquele eu verdadeiro que agora é reconhecido. Isso exige a tolerância para a autorreferência, para a circularidade e para o paradoxo. Você é tanto aquele que está percebendo a si mesmo (o sujeito) quanto aquele que está percebendo (o objeto). E você é nenhum dos dois.

Em um nível mais prático, tudo que é necessário é descobrir como acessá-lo. (Quando digo "acessar", quero dizer "acessar você". E descobrir como acessar você depende... de você.) Tudo o que é necessário é perceber que uma refeição não é uma refeição sem alguém que a desfrute, e que você não é "você" sem o eu essencial – a corrente de vida que transcende as palavras. A velha refeição era, na melhor das hipóteses, abundante e satisfatória. A nova refeição fornece satisfação e felicidade. Ela permite que você possa se reconectar com seu eu essencial, para sair do piloto automático e reinserir esse corpo que vem funcionando sem pensar nas emanações de velhos hábitos.

Uma porção de Rig-Veda

Considere este verso do Rig-Veda, um antigo texto indiano de hinos sagrados (de Nicolas 1976, 66):

> Como dois pássaros pousados no mesmo galho, intimamente amigos, o ego e a consciência habitam o mesmo corpo.

O primeiro ingere os frutos doces e azedos da árvore da vida; o segundo tudo vê, em seu distanciamento.

Do que essa passagem enigmática trata? Quem é esse outro pássaro que não está comendo, apenas observando tudo? A mensagem é que comer é inevitável, mas atenção e prudência, não. Quando usamos o ato de comer como uma oportunidade de nos despertar de um estado zumbi, podemos vislumbrar aquela essência elusiva e essencial do eu – esse pássaro silencioso da consciência – que é testemunha de nosso frenesi alimentar cotidiano.

Então, o que estou propondo? Uma coisa simples, na verdade. Na sua próxima refeição, depois de um primeiro prato de relaxamento, mas antes de comer, pergunte-se: "Quem é esse que está prestes a começar a comer? Quem é esse que, nesse exato momento, está governando a máquina incrível que se prepara para comer? Quem é esse que, em silêncio, supervisiona essa marionete, esse fantoche do corpo, enquanto ele levanta o garfo, a faca, a colher e, em seguida, mastiga, engole? Quem é esse que agora está perguntando: 'Quem é esse'?". Enquanto fica se debatendo para encontrar a resposta a essa questão recorrente que se dobra sobre si mesma, saiba que você está olhando diretamente para sua face original. Você está reconhecendo aquele sentido fundamental, inexprimível, mas muito real de sua própria presença. E esse "você", essa ave de consciência que está olhando, encontra-se sempre cheio, completo, e sem absolutamente nada em sua satisfação primordial. Então, depois de se sentir saciado, abra mão dessa pergunta.

Um sabor

Chogyal Norbu, um mestre da tradição budista tibetana Dzogchen, disse: "Nós não entendemos de maneira intelectual como é o gosto do açúcar. Se nunca tivermos a experiência de provar o açúcar, não saberemos o que significa ser 'doce'. Podemos ler muitos livros nos explicando o significado de 'doce', e podemos aprender e construir muitas ideias, mas nunca se pode ter uma experiência concreta de 'doce' dessa maneira". Mas, acrescenta: "Se conseguirmos um pequeno pedaço de chocolate e o colocarmos sobre a nossa língua, podemos ter uma experiência concreta" (2006, 113).

Norbu não está realmente falando sobre o sabor do chocolate, ele está se referindo ao gosto do eu. Então você está aqui: descontraído, com comida servida em pratos à sua frente, e prestes a comer conscientemente, mas preso nessa etapa intermediária e confusa de tentar ter um gostinho do eu. O que fazer? Experimente esse gostinho. Escolha algo da mesa e saboreie, e, enquanto prova, pergunte a si mesmo: "Quem é esse que está saboreando esse gosto?". É isso mesmo, prove o sabor de você mesmo saboreando o não você (o alimento à sua frente). Normalmente, o ato de se alimentar conscientemente diz respeito a perceber os alimentos e prestar atenção no ato de comer. Isso é bom, mas isso está no terceiro prato da nossa nova refeição. Nesse exato momento, prove a si mesmo e perceba esse seu eu como aquele que come, e aquele eu como o que observa. Você é o que está provando o não você (o alimento que está prestes a se tornar você).

Removendo as aspas

Imagine que eu tenha uma maçã em minha mão e lhe pergunte: "O que é isso?". Você responde: "É uma maçã, claro!". E retruco dizendo: "Tem certeza?", então dou uma mordida e começo a consumi-la de maneira consciente, levando o tempo que achar que devo. Então, devaneio em voz alta: "O que aconteceu? Tinha uma maçã, e eu também estava aqui. Nós estávamos separados. Chegamos a este momento por caminhos diferentes. Nós somos independentes. Mas então dei uma mordida na maçã e agora ela está em mim, sendo digerida e metabolizada, tornando-se parte de mim, e agora sendo eu. Quando um pedaço dessa maçã está sendo digerido dentro de mim, ela ainda é uma maçã ou já é eu? O que está claro é que, agora, essa maçã se aplica a mim, tanto quanto ela se aplica a seu próprio eu. E uma vez que eu a como em sua totalidade, 'ela', essa maçã, é indistinguível daquilo que eu chamo de 'eu'".

Lembre-se de como toda essa confusão verbal começou. Um momento atrás eu lhe pedi para me imaginar segurando uma maçã, e então descrevia uma visão da maçã se tornando eu – ou, se você olhar para a cena de outro ponto de vista, será uma visão de eu me tornando uma maçã. Enquanto estava lendo esse colapso de dualidade, em que duas coisas se tornavam uma, você poderia ter me imaginado falando sem parar sobre essa tolice de usar aspas irritantes em palavras aparentemente evidentes como "maçã", "ela", "eu", "nós"... E então você poderia ter se perguntado: "Como é que tudo isso se aplica a mim?". Essa é uma boa pergunta. Essa questão é um pensamento que você teve durante a leitura e a visualização de meus pensamentos. Então aqui está a minha pergunta para você: Quem está pensando esse próprio pensamento em que você está pensando? E se acontecer de você estar pensando: "Eu", então me deixe seguir com esta pergunta: E quem está pensando o pensamento "Eu"?

Observe agora de que maneira o mesmo processo com a história da maçã-e-eu está se repetindo com você e eu. Para você, eu sou este livro. Enquanto o lê, ele está se transformando em você. Eu me tornei a maçã. Você está se tornando esse pensamento.

O meu ponto é este: toda vez que você entrar em contato com a realidade (que é sempre), a aparente dualidade de você e não você entra em colapso. O significado das palavras começa a se dissolver e as aspas tornam-se irrelevantes. Quando está comendo, você é a pessoa que está comendo, a comida que está consumindo e o próprio comportamento de comer no qual se engajou. Você é, simultaneamente, o sujeito que age, o objeto com quem interage, e o próprio ato. Você é toda a trindade do momento.

Mais uma vez, talvez esteja coçando a cabeça, perguntando: "Mas como isso se aplica ao ato de comer?". Há um conceito de comer aqui, mas não o ato independente de comer. Compreenda que não existe o comer separado de quem está comendo. E nem existe essa pessoa que está comendo separada da comida que ingere. Isso porque não existe o comer sem alimento e não há quem coma sem o ato de comer. Releia isso até que compreenda totalmente. Veja o mantra Rig-Veda *Tat tvam asi*, um trecho do sânscrito que significa "Você é isso". Quando você come uma maçã, é quem a está comendo, é o ato de comer, e é aquilo que está comendo – é a maçã. Assim, enquanto se propõe a provar a si mesmo, veja como aquilo que está provando se aplica a si mesmo, porque isso literalmente acontece. Você é aquilo que está experimentando, seja o aroma da comida à sua frente, seja a confusão, que espero ser esclarecedora, desta frase.

✓ Tente isto: Faça um sanduíche de atman

Apanhe um bocado de comida que esteja à sua frente para provar e deixe a língua do estado de plena atenção falar a linguagem do autorreconhecimento. Em *Blooming of a Lotus*, o monge budista vietnamita Thich Nhat Hanh escreveu: "Ciente de minha língua, eu inspiro. E ciente do gosto... eu expiro"

(1993, 41). Reconheça que você, esse gosto e o ato de degustação – todos os elementos desse momento de degustação – estão passando. Reconheça-se nesse fluxo da impermanência e agite o pote de contemplação com mais um "Quem sou eu? O que está se passando?" Em seguida, solte a questão para assim poder encontrar a resposta.

Eu penso sobre esse cabo de guerra do ponderar o imponderável como se fosse um sanduíche de respiração e de espírito, ou um "sanduíche de atman". A raiz latina da palavra "espírito" significa "respiração", e a palavra do sânscrito *atman* também significa "sopro vital". Essas duas palavras também têm conotações psicoespirituais bem estabelecidas. A palavra "espírito" corresponde ao conceito de espírito, o que geralmente significa "essência" ou "o eu essencial, verdadeiro". O mesmo acontece com a palavra "atman", que em hindu também tem o significado de "essência divina, indivisível". O que temos aqui é uma espécie de sanduíche de psicolinguística em que a respiração é igual a "eu". "Eu" é a respiração, e a respiração sou "eu". Espero que isso esclareça, ainda que pareça confuso.

Então, quando continua perguntando: "Quem sou eu?", você está servindo a si mesmo um sanduíche de meditação, ou seja, um sanduíche de ar, de fôlego, de respiração, que é um sanduíche de si mesmo. A própria questão "Quem sou eu?" vem da sua respiração, da sua essência, ou, para reverter a ênfase, vem do seu "eu". Mais uma vez, pergunte: "Quem sou eu?". A própria respiração contida na pergunta é, literalmente, a resposta: você é a respiração. Você é a pergunta que está se fazendo, o próprio pensamento que está tendo, o próprio aroma que está cheirando, o próprio sabor que está provando. "Quem sou eu?" é mais uma resposta do que uma pergunta. É uma pergunta que responde a si mesma. Esse é o sanduíche de "atman". Desfrute dele e dê uma mordida.

✓ Tente isto: Sirva-se de uma porção de si mesmo

Estar consciente é apenas ser. Não é algo que você faz, é *não fazer*. Ser – se já em andamento, não precisa que nada seja feito. Ele (sendo) já é. O que quer que seja, já está realizado, uma vez que já existe. Você já é. Não há mais nada a fazer para você ser o que é. Então, um momento de *não fazer* (o que significa um momento consciente de ser) é uma boa definição do eu como qualquer outra – assim como o momento de não comer. Desse modo, tendo o corpo relaxado, depois do primeiro prato de relaxamento, olhe para a comida que você está prestes a comer e não faça nada. Apenas por um momento. Ou pergunte a si mesmo: "Quem sou eu?". E deixe a pergunta sem resposta. Faça uma pergunta e não faça mais nada, já que não fazer nada é permanecer em um estado de ser e estar, que é a resposta para a pergunta "Quem sou eu?" De modo que fazer a pergunta "Quem sou eu?" e não responder é responder, mas de uma forma não verbal. Então, depois de ter o corpo relaxado após o primeiro prato, permita-se simplesmente descansar nesse momento, sem fazer nada e deixando tudo exatamente como está. Nada é exigido de você, nem mesmo ficar meditando. Esta é uma meditação *não meditação*: Ser, por si só, é uma resposta silenciosa à pergunta "Quem sou eu?". É uma porção de si mesmo.

✓ Tente isto: Hora de ingerir calorias além-do-ego

Você já ouviu a frase "comida para o pensamento". E que tal "pensamento para o alimento"? Que bom que você perguntou. Deixe-me dizer-lhe algo sobre isso. Aqui estou eu, compartilhando meus pensamentos por meio de palavras. Aqui está você, lendo o livro. Vamos ambos parar por um momento. Na verdade, faça isso, pare de ler.

Nenhum de nós estava fazendo nada naquele momento, mas ainda assim estávamos. Independentemente do que fazemos, de como somos, há sempre um sentido de algo permanente nesse fluxo da impermanência, uma sensação de continuidade inqualificável, indizível do eu. Isso é o além-do-ego. É algo autossustentável. Porque *Ser* toma conta de si mesmo. Ele continua e se renova, mesmo quando não está fazendo nada. *Ser* é a sua própria comida. Eu chamo essa constatação e compreensão de "calorias além-do-ego". Depois de ter relaxado o corpo e agora estar com um prato de comida à sua frente e sem nada para fazer, desfrute de um prato de uma existência inqualificável. Deixe que essa autopresença o preencha. Veja que isso já é o suficiente.

Pratique o tempo

Até esse ponto do capítulo, eu lhe dei um monte de palavras para digerir. E servi essa confusão de palavras como um convite a construir sua consciência. Agora, finalmente, vou lhe dar algo um pouco mais tangível: as palavras a seguir, que são um convite para a prática.

Pratique: Detonando perguntas

Nas semanas que virão, depois de servir sua comida na mesa e relaxar o corpo-mente com a respiração, ao cheirar o alimento de forma consciente e depois de beber água, faça a pergunta: "Quem sou eu?". Este ato de perguntar não é meditação. A *não ação* que se segue à questão é que é a meditação. O que é essa meditação? É uma *não meditação*. Detone a pergunta e deixe-a sem resposta. Deixe que o silêncio de sua presença fale por si.

Pratique: Não se apresse

Comer de maneira consciente não é um concurso daqueles do tipo "Coma tudo que puder em um minuto". Mas dedique pelo menos um minuto para estar consciente de si mesmo. Nas próximas semanas, após o seu primeiro prato de relaxamento, enquanto estiver sentado com a refeição à sua frente, reserve um minuto para literalmente ficar sem fazer nada antes de mergulhar na comida. Não há pressa; não há um milhão de dólares para ganhar. Você nem tem que se perguntar todas as questões confusas. Basta curtir seu tempo. Dê-se um minuto para simplesmente *ser*.

Pratique: Provando o sabor

Nas semanas que virão, após o seu primeiro prato de relaxamento e antes de comer, prove um pouco do alimento à sua frente e permita que isso seja uma amostra de si mesmo. Ao tomar uma colher de sopa, que isso recolha a dualidade: reconheça que essa sopa está se tornando você e você está se tornando essa sopa. Reconheça que, nesse momento de se alimentar de ioga, está tocando a realidade, a realidade o está tocando, e os dois estão se tornando um só e a mesma realidade. Faça com que sua mente, sua boca e essa amostra de sua refeição estejam em uma rota de colisão de uma unicidade. Sirva-se de uma porção de unicidade, que é a "egoidade", é o além-ego.

Conclusão: Já está satisfeito?

Tempo para uma recapitulação. A nova refeição começa com um primeiro prato de relaxamento. Prossegue depois com um segundo prato de meditação (isto é, com um curso apenas de *ser*). E conclui com uma alimentação consciente (discutida no capítulo 4). Juntos, esses três pratos compreendem um evento de autocuidado total corpo-mente que você pode iniciar entre duas a três vezes por dia. Mais especificamente, aqui é o que está no cardápio:

1. Primeiro prato: relaxamento e pré-carregamento. Algumas expirações e inspirações profundas pelo nariz, induzindo o relaxamento, além de algumas expirações pelo nariz com murmúrios de prazer – basicamente ar, água, relaxamento e prazer. O foco é na respiração.

2. Segundo prato: meditação. Um ou dois momentos além-do-ego, em outras palavras, um momento de não fazer nada, um momento não verbal de consciência pessoal para despertar provocado pelas perguntas: "Quem é esse? Quem sou eu?", deixando as perguntas sem respostas. O foco está simplesmente em *ser* (isto é, simplesmente ser o seu autoconsciente íntimo e pessoal, aquele que come).

3. Terceiro prato: refeição e presença. O alimento está a sua frente, desfrute com atenção plena o aroma e o processo de comer. O foco é na comida e no processo de comer.

Um cardápio é uma lista de opções. A nova refeição o reconecta com seu corpo, para se reconectar com sua mente, e se reconectar com seu mundo por meio da experiência de comer o que está no cardápio. O ato consciente de comer o faz voltar à refeição. E tudo isso sem nenhum custo de tempo.

Um amuse-bouche para interromper o padrão

Por agora, você já sabe o que fazer: é hora de desacelerar e limpar o paladar de sua mente com um aperitivo de interrupção do padrão. Como? Leia e coma – e não em paralelo, não ao mesmo tempo, mas em sequência. Quando estiver pronto para comer, primeiro leia uma das vinhetas a seguir como sendo um aperitivo meditativo, e depois passe a comer. E não tenha medo da indigestão filosófica que se segue.

– A autonomia do comer –

Como o filósofo Gregory Sams astutamente observa: "Nós não podemos parar o nosso batimento cardíaco ou a nossa respiração, mas podemos optar por parar de comer e morrer, como muitos jejuadores, em protesto, têm demonstrado" (2009, 208). Esse é um ponto fascinante. Se você quiser prender a respiração para se matar, vai desmaiar e seu corpo assumirá o volante de sua existência, substituindo a sua intenção de se matar por uma espécie de "golpe de Estado" do corpo sobre a mente. Mas se decidir parar de comer, seu corpo está sem sorte. Claro, ele vai atormentá-lo com dores causadas pela fome, mas sem a ajuda da vontade, ele não pode mover sua mão para colocar comida em sua boca. O comportamento de comer não está apenas sob seu controle, ele é também o par de rédeas com as quais você pilota a carruagem desse corpo. Que maravilha!

Se você optar por não abastecer o veículo da vida, ele morre. Pondere isso da próxima vez em que se sentar para uma refeição. Permita-se apreciar plenamente o significado do momento em que você começa a comer. A escolha por comer não é o início da perda de controle, mas é, sim, a própria proclamação do autocontrole. Você está no comando dessa massa desafortunada de matéria. Você a anima com a sua decisão de comer e, portanto, com a sua decisão de viver. Permita-se experimentar o momento antes de comer como uma proclamação de autonomia – um momento de soberania psicossomática e uma afirmação de si mesmo.

– Comendo a família –

Edward O. Wilson, biólogo evolucionista e ganhador do Prêmio Pulitzer, escreveu certa vez: "Outras espécies são nossos parentes" (1993, 39). Na verdade, todos nós – de uma formiga a uma sequoia, de uma planta carnívora a um ser humano vegetariano – descendemos de uma população de organismos unicelulares que viveram quase dois bilhões de anos atrás, e evoluímos. Como sabemos isso? "Todo esse parentesco distante é carimbado por um código genético comum e por características elementares da estrutura da célula" (Wilson 1993, 39). O que isso significa é que cada vez que nos sentamos para uma refeição, estamos comendo nossos parentes – comendo a nossa própria família na Terra. Isto não é nem bom nem mau, simplesmente é. A natureza está além da moralidade. Pondere isso na sua próxima refeição para ver se você consegue se identificar com a tese.

— A questão do comer —

Giordano Bruno, astrônomo, matemático e frade dominicano que viveu no século XVI, foi uma das mentes mais ousadas da história da humanidade – e foi queimado vivo pela Inquisição por causa de suas ideias audaciosas. Entre suas verdades que saltavam aos olhos está aquela que fala da alquimia do comer: "Você não vê... que aquilo que era semente vai virar uma erva verde, que vai se transformar em espiga e a espiga vai se transformar em pão. Pão vai se transformar em líquido nutriente, que produz sangue, do sangue o sêmen, o embrião, homens, cadáver, terra, rocha e mineral e, portanto, a matéria vai mudar sua forma sempre e sempre e é capaz de tomar qualquer forma natural" (como citado em Margulis e Sagan 1995, 91). A questão da alimentação é que estamos comendo matéria. Há, é claro, ambiguidade no que acabei de dizer. Será que eu queria dizer que nós estamos *comendo* a matéria, no sentido de que nós estamos sendo servidos de matéria no café da manhã, almoço e jantar? Ou será que quero dizer que estamos *comendo* a matéria, no sentido de que nós mesmos somos a matéria (as coisas da vida) que comemos. Na verdade, estamos fazendo as duas coisas, e a citação de Bruno aponta para o fato de que somos uma matéria... comedora de matéria.

— Sobras de essências —

O sábio taoísta Zhuangzi, que teria vivido por volta do século IV a.C., tem sido citado como autor da frase: "Quando as coisas vêm até nós do lado de fora, é só por um tempo. Quando elas vêm, não podemos impedi-las; quando elas saem, não podemos detê-las" (Höchsmann e Guorong 2007, 66). Esse é certamente o caso com a comida. Você come e você defeca. A vida é uma entrada e uma saída metabólicas. Coma uma uva ou um pedaço de chocolate e veja que não há como segurá--los. Eles vêm e vão. A questão é: o que fica?

— Uma onda de comida —

Assim como não existe uma onda do mar sem água, não há você sem alimentos. Imagine que você é, na verdade, uma onda – uma onda do mar chamada Bob. Para continuar a ser essa onda, você precisaria de um fornecimento contínuo de água – água nova constantemente, à medida que avança pelo oceano. Uma onda do mar que fica sem água morre. O fascinante da coisa é isto: aqui está você, uma onda do mar chamada Bob, feita inteiramente de água, mas de água sempre nova. Conforme você percebe isso, então vai começar a refletir: "Se comecei lá atrás, feito daquela água, e agora estou rolando em direção à costa, mas feito de uma água totalmente diferente, então quem de fato eu tenho sido esse tempo todo? Se tudo que sou é água, mas nunca a mesma água, quem sou eu, afinal?". E então você se lembra: "Oh, bem, eu sou uma onda chamada Bob".

O mesmo é verdade para nós, seres humanos – e para todos os demais seres. De acordo com o escritor de ciência e teórico Dorion Sagan, "A vida é uma onda" (1990, 25):

> A cada respiração que você faz, cada gota de suor que evapora de sua pele, ou a cada bolinho que você consome, substitui constituintes químicos em seu corpo. Não existem dois momentos consecutivos nos quais você, ou qualquer outra forma de vida, se

vê composto exatamente pelas mesmas partículas... Seguir o fluxo da matéria de vida garante que agora, em seu corpo, estão átomos que uma vez cresceram na árvore de Buda, sujaram de terra as roupas de Jesus, e se refletiram nos olhos de Picasso. Tal como acontece com a reciclagem contínua de água no mar para formar as ondas, o conjunto de elementos químicos dos quais somos feitos é finito. A matéria, especialmente a matéria viva, gira em ciclos.

Então, quando se sentar para a sua próxima refeição, pergunte a si mesmo: "Quem sou eu? Quem é esse?". E reconheça que você é uma onda de comida.

capítulo 4

Terceiro prato: Reconectando-se com seu mundo

Cada rito tem seu aspecto irracional, um centro místico, seu apogeu de concentração, seu momento fora do tempo... Sua finalidade é união em êxtase, porém fugaz, com a realidade transcendente, com o definitivo, com o que está além da mutabilidade.

— Tomas Cahill, *The Gifts of the Jews*

A refeição da escola tradicional começa com a comida, prossegue com a alimentação descuidada, e termina com a sensação de a pessoa estar estufada e existencialmente vazia. A nova refeição começa com um primeiro prato de relaxamento, prossegue com um segundo prato de autoconsciência, e então avança para a apreciação atenta plena, consciente, íntima do mundo como um todo por meio dos alimentos. Como tal, o terceiro prato da nova refeição foca tanto na alimentação consciente e atenção plena quanto na *interexistência* com tudo o que imediatamente é. Tendo se reconectado com o seu corpo e, em seguida, com o seu *eu* essencial, o desafio agora é manter-se em contato com o mundo enquanto o consome. Lembre-se de que quando está ingerindo algo, você está comendo o planeta Terra e se tornando o planeta Terra. Assim sendo, o objetivo aqui é permanecer humilde e não se deixar levar pelas asas da sua mente para os céus da abstração.

O objetivo é simplesmente e apenas... comer. No entanto, ao mesmo tempo que parece fácil dizer "basta comer", isso pode ser difícil de fazer. O objetivo deste capítulo é tornar esse processo mais fácil.

A atenção plena é a consciência da escolha

Hábitos antecipam as escolhas. Uma vez que um determinado comportamento segue o piloto automático, nós apenas mantemos o voo naquele curso definido pelo hábito. Fazer escolhas dá trabalho, e muitas vezes a mente não quer se preocupar com isso. Por isso, deixe o trabalho sujo de fazer escolhas para a memória do corpo. Comer negligentemente é basicamente uma memória muscular, enquanto que o comer consciente é uma série de pequenas escolhas.

O corpo em si mesmo não faz escolhas, apenas repete o que fez anteriormente, como foi treinado pela mente a fazer. Quando falamos em alimentação, nós temos sido praticamente treinados a ignorar a refeição. Assistir à tevê ou verificar os e-mails é o que temos para o jantar, porque a comida em si é apenas enfeite. Essa é a roda do automatismo, a roda da insensatez. Comer é um dos comportamentos voluntários mais repetidos no repertório humano de habilidades. Então, vamos respirar um pouco de escolhas conscientes nessa coleção de escolhas sem sentido. E no meio tempo, rumine: escolhas sem sentido equivalem a não fazer escolhas, enquanto que a atenção plena é a consciência das escolhas, isto é, a escolha plena.

✓ Tente isto: Desenhe o círculo da escolha

Pegue três folhas de papel e uma caneta. Desenhe um círculo em cada pedaço de papel; isso dará um total de três círculos.

Por favor, não leia adiante até que você tenha desenhado os três círculos.

Uma vez que já tenha desenhado os círculos, olhe-os. As chances são de que você desenhou os três círculos mais ou menos da mesma maneira. Aposto que a colocação do círculo em cada página é semelhante, e que os três círculos têm diâmetros similares. Muito provavelmente, você ainda desenhou todos os três começando no mesmo ponto (provavelmente em algum lugar no canto superior direito) e na mesma direção. Será que você conscientemente pretendia que esses círculos fossem semelhantes em sua colocação na página, em seu tamanho, e até mesmo do ponto de partida e direção em que os desenhou? Provavelmente, não.

Em certo sentido, você não desenhou esses círculos – quem os desenhou foi o hábito. Esses círculos, como evidenciados por suas semelhanças não intencionais, foram elaborados também sem pensar, por reflexo, mecanicamente, roboticamente – em última análise, também inconscientemente, para que receba todo o crédito por essa ação. Essa foi uma reação, ou seja, uma reencenação de algum hábito de como desenhar um círculo. A verdadeira ação envolve deliberação consciente. Perceba que os hábitos são como esses círculos desenhados sem muita reflexão. Eles são o feedback de comportamentos irracionais em curvas que incessantemente fluem de dentro para fora por si mesmas.

Se os hábitos são as rodas que mantêm a vida girando em círculos, vamos apertar essa engrenagem com uma chave inglesa. Convido você a desenhar outro círculo. Agora, procure desenhá-lo conscientemente, com o conhecimento das opções disponíveis para você. *Tente* fazer as escolhas que não fez da primeira vez. Escolha em que lugar da página você pode colocar o círculo, eleja depois o ponto de partida, a direção em que você vai desenhar o círculo, escolha o diâmetro do círculo, e até mesmo decida se quer juntar as pontas da linha para criar um círculo, ou não. Vá em frente e note a diferença.

Seu jeito *enso* de se alimentar

A palavra *enso* em japonês significa "círculo", um tema comum na caligrafia zen. Um *enso* que não contém nada simboliza a iluminação e o vazio (a vacuidade). Por que o vazio? Por que iluminação? Um desenho *enso*, no meu modo de ver, documenta a falta de concretude, de solidez, a realidade fugaz do momento e a clara consciência da impermanência. Assim sendo, um desenho *enso* é um interruptor de padrão. É um momento de presença, ou de consciência, e um compromisso com o momento, embora fugaz.

A maioria de nós, que vivemos no Ocidente, comemos em um prato circular. Na próxima vez em que você notar a forma circular do prato, pense, *"enso!"*. Pense "um símbolo que representa a vacuidade e o vazio não é muito diferente da minha fome". Pense "numa maneira de despertar a consciência!". Reconheça que o prato circular que está bem à sua frente é como uma sugestão de valor inestimável e pergunte a si mesmo, "Será que na próxima vez que eu for me alimentar farei apenas mais um giro sem sentido em torno do carrossel da refeição? Será que vai ser mais um círculo vicioso e sem sentido de comer demais? Será que vou passar os próximos dez minutos folheando o círculo do menu dos canais de tevê com comida não degustada na minha boca? Ou será que eu irei quebrar o padrão, selecionando um novo curso, observando o momento e o mundo, tocando a realidade, e me verei interagindo com ela?". Antes de se encontrar limpando o seu prato sem pensar, irracionalmente, limpe as teias de aranha dos padrões de rotina da sua mente.

✔ Tente isto: Coloque o dedo no prato

Você não tem que parar com os pensamentos *enso*-inspiradores. É possível literalmente traçar seu próprio caminho *enso* durante a refeição. Considerando que a clássica caligrafia *enso* é composta de pinceladas, então pode usar os dedos. Coloque um prato vazio na sua frente e trace a borda do prato com um dedo. Isso será um dedo *enso* pintando – mas de modo um tanto irracional. Agora permita que o prato que está à sua frente e que nada contém simbolize o vazio da sua fome; em seguida, faça uma escolha consciente sobre o traçado do contorno do prato – no sentido horário ou anti-horário. Então, escolha conscientemente um ponto de partida e também conscientemente desenhe uma presença *enso* ao redor da borda do prato vazio. Pratique essa rotina *enso* como um rito de passagem alimentar, uma luz verde de presença e de consciência, uma maneira de dar a si mesmo a permissão para continuar em frente. Considere esse momento *enso* como uma espécie de inspeção antes do voo: "Aqui estou. Eu apareci para esse momento, totalmente sozinho, consciente das minhas escolhas – sou uma pessoa que come, não um zumbi que come".

Estratégias para interromper padrões

A escolha do despertar consciente se destina tanto a ser um tônico geral para a promoção da consciência quanto uma ferramenta específica para aumentar sua presença, enquanto você come. A ideia por trás de uma escolha consciente e da interrupção de um padrão é levá-lo para longe do piloto automático e mantê-lo lá fora. A insensatez é como a cegueira. Mas a atenção plena é como a visão. Aqui estão algumas abordagens para ajudá-lo a relaxar seus padrões alimentares e a ver – com os olhos da mente – o que você está comendo.

✓ Tente isto: Coma com sua mão não dominante

Alterne a mão que você usa para comer. Se costuma comer com um garfo ou colher na mão direita, segure-o com a mão esquerda, e vice-versa. Note a confusão da mente e o aumento do seu nível de consciência. Da mesma maneira, se estiver usando mais de um utensílio de cada vez, como uma faca e um garfo, troque as mãos para quebrar padrões alimentares habituais e infundir mais presença no processo de comer.

✓ Tente isto: Coma com utensílios atípicos

Os utensílios fazem parte do ritual hipnótico de comer. Eles orientam as nossas mãos – e a nossa mente – a se envolver em determinados e complexos comportamentos motores. Como tal, um utensílio é uma chave de ignição para o ato de comer sem sentido. Retire a utilidade desse utensílio para incomodar sua mente e aproveitar mais sua presença. Tente, da próxima vez, usar utensílios "errados" ou desconhecidos para avaliar o efeito dessa estratégia sobre o poder de permanência da presença consciente. Por exemplo, use um garfo para comer sopa ou, sim, uma faca para comer ervilhas. Se você não estiver familiarizado com o uso de pauzinhos, tente comer com eles. Outra opção seria comer com as mãos. Ou tente usar utensílios improvisados, talvez um pedaço de aipo como uma colher. Jogue uma bola curva para sua mente a fim de mantê-la alerta enquanto come.

✓ Tente isto: Adote uma postura diferente enquanto come

Outra via para o aumento da consciência é experimentar uma postura diferente enquanto você come. Se costuma comer em uma mesa, tente sentar no chão. Note como essa mudança de postura modifica sua experiência de comer. As probabilidades são de que você costuma sentar-se enquanto come, por isso é hora de tentar comer em pé. Isto irá impedir sua mente de adormecer sobre seu prato e também o ajudará a perceber a comida com mais atenção.

✓ Tente isto: Coma com os olhos fechados

Feche os olhos para ver – com o olho da mente – o que você está comendo. A plena atenção é uma espécie de "supervisão": ela vê e supervisiona com os olhos fechados. Tente fazer isso nas próximas semanas para manter sua mente nos trilhos enquanto come.

✓ Tente isto: Coma num cenário diferente

Os lugares estão sempre repletos de estímulos. Eles se tornam sinais condicionados para o nosso comportamento. Procure redesenhar o mapa geográfico de sua alimentação. Mude-se para o outro lado da mesa. Coma em uma mesa diferente para desfrutar de uma vista diferente, incluindo uma visão diversa dentro de si mesmo. Coma em um cômodo diferente para dar mais espaço para sua mente. Em suma, mude o hábitat da sua alimentação para mudar seus hábitos alimentares.

✓ Tente isto: Experimente alimentos exóticos

Mude o que você realmente come. Experimente algo que não seja familiar, aquelas comidas exóticas que irão ajudar a sua mente a ficar parada no mesmo lugar enquanto se alimenta. A língua busca sempre emoções diferentes, ela quer viver novas aventuras. Mas sem o guia da atenção plena, a língua vai passar direto pelo cenário gustativo. Por isso, eu o encorajo a combinar as comidas e os pratos exóticos com as técnicas de interrupção de padrão descritas mais acima, para poder aumentar a presença consciente que você traz para o ato de comer. Isso o ajudará a perceber esses novos mundos de sabor em sua jornada de alimentação.

Encontre o sabor do momento

Há duas maneiras de avaliar o sabor. Uma é observar o sabor tecnicamente, como sendo uma convergência de gosto, cheiro e textura. A outra opção considera o sabor de um modo mais existencial. De todo jeito, procure notar o sabor dos alimentos no sentido técnico, mas também perceba o sabor da comida no momento de comer. O tempo se esvai por si mesmo, ele desaparece quando está abandonado. É necessário que exista a presença da mente para que se possa experimentar um momento no tempo. Pergunte a si mesmo: "O que há de significativo nesse exato momento no ato de comer?". Mas não tente se aprofundar muito nesse pensamento; tente não deixar que sua mente voe muito alto. Basta se abrir ao significado, se houver, e deixar ir.

Permita-se estar ciente das irrelevâncias do momento de comer. Absorva-as e anote-as, mas evite ficar ponderando sobre elas ou avaliando-as como sendo mais profundas do que realmente são. Aqui está você, a Terra mesmo, comendo a Terra, enquanto que ela própria está girando em sua órbita durante sua viagem cósmica – a importância do momento não precisa ser muito mais do que isso. Esteja em casa, no momento, misturando bocados de comida e bocados de consciência.

Pergunte a si mesmo: "Qual é o sabor desse momento?". No mínimo, se você estiver consciente, estará em contato com a realidade, tocando o mundo ao comê-lo, sendo tocado por ele enquanto o alimento percorre o interior de seu corpo, sentindo-se tocado por tudo o que viveu, respirou, trabalhou e morreu para que você tivesse esse momento de comer. Você está sendo tocado por tudo isso, mas não se sente sobrecarregado. Não é necessário nenhum sentimentalismo excessivo. Basta comer – apenas comer calmamente e graciosamente, com consciência. Observe o significado, mas não se apegue tanto a ele. Sinta uma veneração sutil por esse processo vital sem ser paralisado ou pego de surpresa por essas conexões invisíveis que nos unem na trivialidade e na importância desafiadora do ato de comer.

Encontre o momento mais pungente e específico dessa experiência e deixe-o passar. Na busca por esse sabor, basta liberar quaisquer expectativas. Não precisa ser um momento existencial apimentado. Um simples momento da baunilha resolveria tudo muito bem.

A prática de apenas observar

A atenção plena envolve dois mecanismos essenciais: a aplicação de certo tipo de atenção e a prática da despersonalização. A atenção pode ser ativa ou passiva: aquela de um observador ativo ou de uma testemunha não envolvida. Essa distinção é fácil de entender por meio do contraste de tais verbos como "olhar" versus "ver". "Olhar" implica uma varredura visual ativa, uma espécie de atividade visual orientada. "Ver" implica nada mais do que um fato de registro visual. Digamos que eu perdi minhas chaves de casa. Eu teria que procurar por elas. Mas, no processo de procurá-las, eu também poderia ver um velho ingresso de um show. A atenção plena consiste em ver, sem olhar. Trata-se apenas de perceber ou assistir sem apego ou sem nenhuma identificação aquilo que está sendo observado e testemunhado. Pois é nesse lugar que aparece a despersonalização.

As vontades (de uma sobremesa ou de algo específico para comer, ou apenas para continuar comendo) vêm e vão. A atenção plena – como uma postura meditativa – permite reconhecer que esse desejo é transitório, é um estado de espírito efêmero, e representa apenas uma parte de sua experiência total. A atenção plena o ensina a perceber que esse impulso de continuar a comer é apenas um pensamento dentro da mente. Sim, é parte de você, mas não é seu todo, e exatamente por isso que você pode simplesmente perceber o que está acontecendo, apenas vê-lo sem ter que olhar fixamente para ele. Em resumo, a atenção plena, como uma forma de controle de impulso, é uma estratégia de controle que abre mão desse controle.

A atenção plena da saciedade

O ato do comer consciente é um equilíbrio sutil entre divertir-se e não se deixar levar pelo empuxo desse prazer. Mantenha a mente presa em uma corda atada ao seu corpo: fique cada vez mais em sintonia com as sensações emergentes dessa plenitude e saciedade. Faça uso do treinamento de sensibilização da saciedade que foi mostrado no primeiro prato de relaxamento. Mesmo antes de começar a comer, você já teve a oportunidade de observar a distensão agradável de seu estômago quando encheu o corpo de ar e de água, estabelecendo essa situação como uma espécie de sugestão de saciedade que deveria ser observada. Então, quando sua mente navega pelo terceiro prato do verdadeiro ato de se alimentar, mantenha a atenção ancorada à dinâmica da sua barriga.

O maior problema não é a consciência da saciedade em si, mas a sua vontade de fazer uso dessas informações. Isso irá ajudá-lo a lidar conscientemente com o desejo de continuar comendo quando já se sente satisfeito. A atenção plena definitivamente vem resgatá-lo aqui. As técnicas seguintes são algumas das maneiras pelas quais é possível combinar o relaxamento com foco na respiração com a atenção plena, para ajudar a si mesmo a parar de comer.

✓ *Tente isto: Descanse na saciedade*

Pegue um pedaço de papel e uma caneta, e, em seguida, acione o impulso de comer. Pense numa comida de que goste, ou, melhor ainda, exponha-se a ela diretamente, colocando essa comida bem na sua frente. Em seguida, vista seu boné de atenção plena e perceba a ânsia pela comida e os pensamentos de desejo que possam surgir. Cada vez que você notar um pensamento de desejo, desenhe um pequeno ponto no pedaço de papel. Então volte a se concentrar na sua respiração. Faça isso por alguns minutos.

Agora, dê uma olhada em seu desenho: deve ser uma série de pontos – e uma série de espaços. Cada ponto representa um desejo, um impulso para comer que você registrou no radar de sua consciência.

Agora vamos aplicar isso à plenitude, à saciedade. Da próxima vez que você for comer, tenha um pedaço de papel e caneta à mão e fique observando até o aparecimento da saciedade. Assim que se sentir satisfeito, recoste-se na cadeira e observe se você tem o desejo de continuar comendo. Se você tiver, não participe dele por alguns minutos, enquanto fica atento à sua mente. Toda vez que aparecer um desejo de continuar a comer, desenhe um pequeno ponto no pedaço de papel, foque nas sensações de sua respiração, e descanse na plenitude do momento. Depois de passar alguns minutos fazendo isso, escolha conscientemente se vai continuar ou não a comer.

Uma nota importante: O que você decidir é irrelevante nesse momento. O que importa é praticar de maneira consciente, fazendo uma pausa após o início de uma agradável sensação de saciedade.

✓ *Tente isto: Faça uma pausa no meio da refeição*

Nas próximas semanas, quando você estiver fazendo suas refeições, pare de vez em quando e coloque seus talheres na mesa. Espere o seu estômago dizer: "Ei, você não vai terminar a comida do prato?". Observe o corpo bater à porta da mente. Reconheça que esse é apenas um impulso fugaz para continuar a comer. Sempre que sentir o desejo de continuar comendo, toque um dedo sobre a mesa. Você não tem que temer esse impulso de continuar comendo. E pode satisfazer esse impulso em um momento, mas por agora deixe-o passar. É bom praticar isso no início da refeição, quando não estiver ainda tão cheio e o desejo de continuar comendo for mais forte. Isso vai ajudá-lo a resistir melhor à tentação de continuar comendo quando o estômago já estiver agradavelmente satisfeito.

Pratique: Criar um ritual em evolução

Na construção de um ritual de alimentação consciente, parte desse ritual é retirar a ritualização que envolve o processo de se alimentar. Na nova refeição, que consiste em três pratos, de relaxamento, meditação e alimentação consciente, é uma boa ideia você ritualizar os dois primeiros: relaxamento e meditação. Mas deixe a si mesmo um nível de liberdade quando se tratar de se alimentar para valer. Lembre-se de que a intenção da escolha consciente e da interrupção de padrões é obstruir esses rituais na hora de comer e, assim, deixar a mente alerta e desperta enquanto estiver se alimentando.

Permita que a parte de comer do processo da nova refeição seja um processo evolutivo de experimentação. Durante algumas refeições, você pode manter-se mentalmente desperto usando sua mão não dominante. Durante outras refeições, você pode evitar que sua mente adormeça ao usar talheres atípicos. O objetivo é desenvolver o hábito de romper hábitos. Considere isso um ritual de quebrar rituais! Mantenha-se sempre frustrando seus hábitos alimentares para poder continuar a comer conscientemente.

Conclusão: Pronto para ritualizar?

Agora você tem um ritual de autocuidado completo para o *corpomente* e que está fundado na mesma plataforma de sua alimentação cotidiana.

1. **Primeiro prato:** Relaxamento

2. **Segundo prato:** Meditação

3. **Terceiro prato:** Comer consciente

Essa refeição de três pratos lhe permite se reconectar com seu corpo, se reconectar com sua mente e seu senso de eu próprio, e se reconectar com o mundo em geral por meio de uma alimentação mais consciente e em sintonia com o que o cerca. Nós cobrimos todos os fundamentos até aqui. Tudo o que lhe resta é a prática. Mas, ao contrário de outros projetos de aquisição de habilidades, esse projeto não exige nada de fundamentalmente novo. Você não tem que pôr de lado qualquer momento do dia para poder fazer isso. Qualquer outra coisa que faça durante determinado dia, na maior parte você estará quase que certamente comendo. A abordagem da nova refeição é simplesmente uma oportunidade para que você possa transformar essa atividade diária – que é subutilizada, na melhor das hipóteses, e cronicamente insatisfatória, na pior das hipóteses – em nada menos do que a ioga do ato de comer. Saboreie a sua nova refeição e sua convergência de inspirações e expirações relaxantes e calmantes, porque isso tudo certamente o irá satisfazer!

Um amuse-bouche para interromper o padrão

Adivinhe que hora é esta? É hora de despejar um balde de gelo cheio de interrupções de padrão em cima dos zumbis glutões! É hora de dar a você mesmo um choque para acordar diante da presença imediata! É hora de contemplar o mistério insondável do ato de comer com uma dose de provocação filosófica.

– Verificação do intestino, controle de identidade –

Há 75 trilhões de células no corpo. Há 750 trilhões de bactérias no intestino (Levy 2004). Dentro de "seu próprio corpo", as próprias células são em menor número em pelo menos uma proporção de dez para um. Agora você vê por que eu usei aspas ao citar "seu próprio corpo". Então, quem é você, seu glutão?

– Comer é dar vida –

Quando você come uma fruta, por exemplo, uma maçã, você está pisando – intencionalmente ou não – no ciclo reprodutivo de outro ser, tornando-se envolvido em uma espécie de *ménage à trois* com uma árvore e com a Terra em um projeto vivificante.

Na verdade, quando você come um pedaço de fruta, você está literalmente comendo um órgão sexual à base de plantas. Uma fruta, botanicamente falando, é uma parte sexualmente ativa de uma planta que dá flor. Quando consome uma maçã, você come o tecido doce e carnoso do ovário da fruta, por assim dizer, e então vai participar do processo de dispersão de sementes ao jogar fora o caroço da maçã. Naturalmente, se você jogar fora o resto da maçã e as suas sementes em um cesto de lixo da cozinha, não há nada acontecendo para dar continuidade à vida. Mas se comer uma maçã e atirar o que restou em seu quintal, você talvez esteja participando do nascimento de uma nova macieira no futuro. Pondere essa mordida na maçã da árvore do conhecimento antes de sua próxima refeição.

— A vida numa folha —

O que é uma folha? De acordo com o cientista russo Konstantin Merezhkovsky, do início do século XX (como parafraseado por Rob Dunn), "Os cloroplastos verde-claros em células de plantas passaram por um processo de evolução de bactérias ingeridas por plantas ancestrais... O verde das florestas não era de modo algum matéria das plantas... mas as cianobactérias antigas eram sustentadas por árvores em cada uma de suas folhas, assim como muitas pessoas que estão na janela de uma casa, com velas acesas nas mãos" (Dunn 2009, 144). O ponto de vista de Merezhkovsky de formas de vida como compostos, e não monólitos, repercutiu, no final do século, em biólogos americanos como Ivan Wallin e Lynn Margulis. De acordo com a teoria da simbiogênese, ou evolução por fusões de organismos, "órgãos principais de células eucarióticas (mitocôndrias, cloroplastos, flagelos, cílios e centríolos) tiveram suas origens em antigas bactérias engolidas por outra célula" (Dunn 1990, 142). Meu ponto é este: Cada folha não é apenas um ser, é um microcosmo em si mesmo. Até mesmo uma folha de couve – ainda que estiver separada do resto – está viva. Então, quando tiver uma chance, coma uma folha de espinafre e você vai engolir um mundo invisível!

– Comer é se alimentar de vida –

Comer não é apenas dar a vida. É também tirar a vida. Porque, para comer, é preciso matar. Isso é verdade não só para os carnívoros, mas para os vegetarianos e vegans. A menos que você esteja sobrevivendo com carniça ou frutos caídos de uma árvore, há uma boa chance de que algo vivo teve que morrer – propositalmente ou acidentalmente – para tornar-se o seu alimento.

O argumento de que uma cenoura não sofre quando é puxada para fora da terra enquanto uma lagosta sofre quando cozida viva é especificismo – um juízo de valor subjetivo e uma atribuição arbitrária de importância para uma espécie particular de vida. O especificismo é o ponto de vista de que uma espécie, no caso a humana, tem todo o direito de explorar, escravizar e matar as demais espécies por elas serem inferiores. O especificista acredita que a vida de um membro da espécie humana, pelo simples fato de o indivíduo pertencer à espécie humana, tem mais peso e mais importância do que a vida de qualquer outro ser. Os fatores biológicos que determinam a linha divisória de nossa espécie teriam um valor moral – nossa vida valeria "mais" que a de qualquer outra espécie.

Claro, é mais fácil para nós, seres humanos, nos identificarmos com um ser que é fervido vivo do que com outro que é arrancado do chão. Como não possuímos raízes, não temos ponto de referência para o último. Mas, fundamentalmente, tudo o que é vivo quer viver. Se comermos uma coisa viva, vamos matá-la. Portanto, não há santos entre os animais. Os animais – seja o leão, seja o cordeiro – matam para comer e sobreviver, enquanto as plantas contam com o processo da fotossíntese para viver. Até mesmo um sobrevivente vegan ascético que vive com um punhado de frutas cruas e nozes ainda é um ser predatório em relação às plantas vivas. Por isso, vamos comer, como devemos, mas não com culpa – e sim, com humildade agradecida.

– Cozinha primordial –

O que veio primeiro, engolir ou digerir? Se você disse engolir, prepare-se para uma surpresa. Quando os procariontes – nossos primeiros antepassados (que ainda habitam a Terra na forma de bactérias) – evoluíram, eles eram basicamente estômagos vivos flutuando livremente no oceano primordial. Os procariontes conseguem realizar a digestão fora de suas membranas celulares por cercar-se de "uma espécie de halo de enzimas digestivas" (Stewart 1998, 78). Hora de contrastar e comparar: os animais primeiro engolem para depois digerir. Procariontes digerem primeiro para depois engolir. Agora é a sua vez de digerir isto: Quando você cozinha, não estaria pré-digerindo (no pré-processamento) aquilo que ainda não engoliu? Caso em questão: O que dá menos trabalho para mastigar, uma cenoura cozida ou uma cenoura crua? Em certo sentido, o seu estômago é uma cozinha anatomicamente internalizada.

– Comer afastado dos párias –

Dividir o pão com alguém é uma forma de intimidade. Mas comer também pode alienar a pessoa. Como Lucille Schulberg escreveu em *Historic India*: "Um impulso primário por trás do sistema de castas foi, provavelmente, o medo da contaminação espiritual por meio dos alimentos" (1968, 140):

> [Os indianos acreditavam que]... *mana*, ou "substância da alma" dos seres humanos, era a mesma substância da alma dos alimentos, especialmente os vegetais. Os alimentos em grãos não colhidos, as gramíneas que crescem em um campo, as sementes à espera de serem recolhidas, retinham *mana* quando manuseados; qualquer um podia tocar e comê-los com segurança. Mas uma vez que esses grãos fossem amaciados quando cozidos ou as sementes, trituradas para se obter seu óleo, então a substância da alma deles se misturava à *mana* de quem preparava a comida... O tabu contra a partilha da comida com um estranho – ou seja, com qualquer um que não fosse de sua casta – era uma medida de proteção contra esse tipo de poluição espiritual... Quanto mais alta a classe social, mais restrito o seu cardápio.

Algumas perguntas: Você acredita que a "substância da alma" dos alimentos é igual à sua? Em caso positivo, como isso pode de algum modo participar de sua alimentação? Em caso negativo, como é que isso influencia suas práticas alimentares? Além disso, de que maneira você é um pária no processo de comer? Como o seu estilo de se alimentar o mantém isolado? Reflita sobre como *o que* você come pode tê-lo estratificado socialmente.

— A semente da consciência —

Botanicamente falando, uma semente não é o potencial para a vida, pois ela já é uma vida – uma vida minúscula com uma lancheira trazendo sua própria comida, à espera de uma jornada de vida. Em meu livro *Lotus Effect* (2010), compartilhei uma história sobre sementes de lótus com cerca de 1.300 anos que conseguiram germinar e crescer quando lhes foi dada uma chance. Coma um punhado de sementes para meditar sobre como inocentemente suas necessidades metabólicas resultam em morte. Aqui está você, cuidando de si mesmo e, ao mesmo tempo, negando a uma coisa viva sua chance de crescer e florescer. Debata-se por um momento com a questão de quem é mais importante, você ou as sementes. Minha resposta é você, claro. Se as sementes pudessem comê-lo para sobreviver, elas iriam fazer isso. A vida é, inevitavelmente, egoísta. Enquanto houver um *eu*, ela vai se servir de uma porção do ambiente para sobreviver. É assim que são as coisas. Desse modo, mesmo que passe a contemplar esse cenário metabólico de soma zero inevitável, aproveite o seu sustento. Sem culpa, eu digo – apenas com compaixão e gratidão!

— Comer mata —

A vida é movimento. Movimento cria atrito, danos e erosão. Comer, como parte desse processo de viver, não é exceção. Comer mata – e mata aquele que come. Como? Por asfixia, toxicidade, por meio dos radicais livres e por inúmeras outras formas de desgaste metabólico. Estudos de dietas de restrição de calorias mostram que comer menos leva à diminuição da morbidade e da mortalidade (Walford 2000) – até certo ponto. É claro que não ingerir nenhum alimento significa nenhum metabolismo, e isso quer dizer que não há vida. No entanto, muita comida significa muito desgaste metabólico, e esse desgaste significa morte prematura. Assim, é interessante refletir sobre esta ironia: que o próprio alimento que lhe permite viver também acelera o seu desaparecimento, mesmo que você esteja comendo bagas de goji, com suas reconhecidas propriedades antioxidantes. Qualquer evento relacionado ao ato de comer é uma situação de desgaste metabólico. A vida é a sua própria oportunidade e seu próprio risco. Curiosamente, a vida se mata. A vida está brincando com a gente, jogando com a gente. Uma vez que isso é inevitável, vamos escolher rir desse paradoxo peculiar que é surgir e cessar, dessa onda peculiar de criação e destruição.

capítulo 5

Reivindicando as calorias

*Hábitos linguísticos podem institucionalizar e impor
uma visão excessivamente estática do mundo.*

— Roger Ames e David Hall,
Dao De Jing: A philosophical translation

A mente humana funciona com a linguagem. Como a civilização ocidental despenca rumo à obesidade, ela ficou presa na contagem de calorias em parte porque se fixou num sentido particular da palavra "caloria". O termo "caloria" tornou-se o bicho-papão nutricional. Nós começamos a ver as calorias como uma horda de fantasmas ameaçadores que se escondem na nossa alimentação, seduzindo-nos cada vez mais em direção a pecados nutricionais mais graves. O objetivo deste capítulo é recuperar a palavra "caloria" e reivindicar as próprias calorias em si.

Calorias nutricionais *versus* calorias experienciais

Vamos começar a reconstruir a sua relação com a palavra "caloria", considerando a distinção entre caloria nutricional e aquela que eu chamo de caloria experiencial. Uma caloria nutricional é uma unidade de energia. O trabalho de uma caloria nutricional é o de alimentar o corpo. Uma caloria experiencial é uma unidade de consciência – de presença consciente, de significado e de calor psicoespiritual. O trabalho de uma caloria experiencial é o de nutrir e enriquecer a mente. Uma caloria nutricional pode fazer o seu trabalho de nutrir e aquecer o corpo sem qualquer presença da mente. Uma caloria experiencial exige a presença da mente para desbloquear o seu calor.

Calorias nutricionalmente vazias *versus* calorias existencialmente vazias

Uma caloria vazia nutricionalmente é o combustível sem o benefício de quaisquer micronutrientes – vitaminas, minerais, e assim por diante. Uma caloria existencialmente vazia é uma caloria nutricional que é consumida sem consciência e atenção. Aqui está um exemplo: Digamos que você dirige alguns quilômetros até o mercado no sábado (gastando gasolina e tempo) e compra uma caixa de deliciosos morangos cultivados organicamente. Então você vai para casa, liga a tevê, e sem pensar começa a engolir os morangos, sem perceber as sutilezas do seu sabor, muito menos sem parar para apreciar o panorama desse momento do seu ato de comer. Eu considero que essas calorias nutricionalmente ricas do ponto de vista físico são existencialmente vazias, uma vez que os morangos foram consumidos sem nenhuma consciência. Enquanto o seu corpo, sem dúvida, se beneficia dessas calorias nutricionalmente ricas e de alta qualidade, a sua mente não foi enriquecida. Você não sentiu nenhuma conexão especial seja consigo mesmo, aquele que consumiu, seja com essa porção da Terra que estava comendo (e transformando).

Agora, vamos virar esse jogo. Digamos que você se dirige até a loja de conveniência mais próxima e compra um donut – *junk food* sem nenhum benefício nutricional para a saúde. No entanto, você decide ter um momento para sua alimentação de qualidade. Então, dirige alguns poucos quarteirões para um parque próximo, desliga o carro, desce o vidro para deixar entrar alguma brisa, e se permite deliciar-se com esse doce. Dedica um tempo sem pressa. Presta atenção na arte simples daquele donut. Sente seu cheiro, o sabor de sua doçura, a textura na boca. Conforme come, você vê algumas crianças brincando ao longe e se recorda de como ficava excitado ao comer esses donuts quando era criança. Para de comer depois de algumas mordidas e observa alguns pombos nas proximidades, procurando migalhas numa mesa de piquenique. Você decide compartilhar o seu momento de felicidade. Sai do carro, parte o resto da rosquinha em migalhas e espalha pela mesa. Então, volta para casa.

Esse é um exemplo de caloria existencial. Claro, do ponto de vista do seu corpo, aquilo que comeu foi um monte de calorias nutricionalmente vazias, mas existencialmente você se enriqueceu, conectando-se consigo mesmo e com o mundo à sua volta. Você conseguiu transformar lixo em ouro por meio da conversão de calorias nutricionalmente vazias em uma plenitude existencial. Bom para você. E isso não é apenas bom para a sua mente, é bom para o seu corpo também, porque o que é bom para a mente tende a ser bom para o corpo. Afinal de contas, essas duas palavras ("corpo" e "mente") estão descrevendo um mesmo todo. Claro, se você tivesse comido aquela mesma rosquinha sem pensar, teria perdido uma oportunidade de autoenriquecimento em ambas as frentes.

Alimentação que aquece a mente

Nas semanas que virão, depois de seus dois primeiros pratos de relaxamento e de plena atenção, quando começar a comer, pense no que está conseguindo com esse momento em que se alimenta: "Como a minha mente está sendo enriquecida? Como o meu espírito, minha essência, ou o meu eu podem estar sendo aquecidos ou tocados por esse momento?". Essas perguntas podem assumir uma variedade de sabores, como as seções seguintes indicam. Prove e comece a saborear todas eles.

✓ *Pergunte a si mesmo: Quais são as calorias de meditação desse momento?*

Conforme come, faça uma pausa para considerar a interdependência das pessoas, lugares e eventos que convergiram em um processo contínuo no tempo, para que você pudesse ingerir essa refeição. É claro que o sol não veio brilhar para você, as uvas não cresceram para você, o agricultor não cultivou as uvas para você, e o fabricante de conservas não fez a geleia de uva para você em particular... No entanto, de algum modo, enquanto está espalhando geleia de uva em sua torrada, você é agora o beneficiário desse processo interminável de transmutação e de colaboração.

Alternativamente, enquanto estiver se concentrando no automatismo de seus movimentos da mão para a boca, talvez possa despertar para a maravilha, o temor e a abrangência dessa atitude sem pensar. Ou, quem sabe, ao observar a comida e esse momento de ir e vir, venha a considerar a impermanência e a transitoriedade de todas as coisas, inclusive de você mesmo.

✓ Pergunte a si mesmo: Quais são as calorias éticas desse momento?

A ética, não a política, é a base da cidadania efetiva. Ética são as prioridades personalizadas, ou valores personalizados. A política é apenas a expressão pública dessas prioridades. Então, pergunte a si mesmo: "Como estou expressando meus valores nesse momento? As minhas escolhas alimentares são um reflexo preciso do que defendo eticamente? Existe alguma dissonância entre o que como e os meus valores? Existe alguma dissonância entre como eu me alimento e meus valores? Há alguma coisa me comendo enquanto estou comendo? Ou estou comendo com a consciência limpa?".

✓ Pergunte a si mesmo: Quais são as calorias estéticas desse momento?

O místico armênio-russo George Gurdjieff costumava falar sobre a fome sensorial que experimentamos por causa do nosso modo geralmente irracional e inconsciente de viver. Ele acreditava que a mente literalmente tem fome de sensações. Então a satisfaça. Pergunte a si mesmo: "Permito-me perceber a humilde e despretensiosa beleza daquilo que estou prestes a ingerir? Estou absorvendo a estética do ambiente que me rodeia? Existe alguma natureza para ser percebida? O clima do lugar é congruente com o meu estado de espírito? Em suma, estou absorvendo a beleza do momento?".

✓ *Pergunte a si mesmo: Quais são as calorias hedônicas deste momento?*

Com o termo "calorias hedônicas" não estou falando de hedonismo desenfreado. Quando se trata de alimentos, hedonismo se refere a orgasmos alimentares e não a orgias alimentares. Pergunte a si mesmo: "Estou curtindo esse momento de comer, esse momento de vida? Estou sentindo, saboreando e degustando, ou apenas enfiando goela abaixo aquilo que, há poucos momentos, eu tão cuidadosamente preparei ou tão meticulosamente escolhi no cardápio? Estou percebendo a arte dinâmica dos alimentos, o drama multissensorial do sabor enquanto o aroma, o sabor e a textura são misturados em um enfoque experiencial? Estou me divertindo?".

✓ *Pergunte a si mesmo: Quais são as calorias existenciais desse momento?*

O existir (psicologicamente, não apenas fisicamente) é se destacar, ou seja, distinguir seu eu do ambiente. Pergunte a si mesmo: "Estou aqui...? Estou... presente? Estou... consciente de mim mesmo? Vou lembrar-me de ter vivido esse momento, ou ele vai passar despercebido?". Afaste-se do esquecimento. Veja o seu eu. Destaque-se diante de seus olhos. Se isso soa um pouco evasivo e confuso, é porque isso é confuso. Aqui também, você é uma trindade: é aquele que vê, aquele que é visto e o ato de ver. Seja o objeto de sua própria subjetividade: observe que você está se percebendo. Pratique o ato de comer existencialmente notável.

✓ Pergunte a si mesmo: Quais são as calorias sociais desse momento?

O ato de comer nos conecta com os outros e nos desliga também. Pergunte a si mesmo: "Quem sou eu e por quê? Estou comendo porque eles estão com fome? Eles estão comendo porque eu estou com fome? Será que estamos comendo porque sentimos fome de comida, ou fazemos isso porque estamos com fome de conexão? Ou nos encontramos todos apenas reunidos aleatoriamente nesse momento, com a comida na nossa frente como o único denominador social comum?".

Conclusão: O significado é calórico

Neste capítulo, eu me propus a reabilitar a palavra "caloria", que a cultura ocidental em grande parte (e literalmente!) enxerga como uma espécie de inimigo nutricional do corpo. Tentei ampliar o significado da palavra "caloria" de se referir ao corpo para se referir à mente. Uma caloria experiencial – seja estética, social, ética ou existencial, de meditação ou hedônica – é uma caloria que desperta a mente para o significado do momento. O significado é calórico do ponto de vista da informação. Significado enriquece. Significado energiza, mobiliza e nos motiva. Assim, o significado é o calor, e a informação é um grupo de calorias para a mente. É por isso que nós, aqueles que coletam e caçam informação, procuramos por significado e nos locupletamos de informação. Então, caso esteja querendo saber o que significa fome, não procure mais além de sua próxima refeição. Reconheça que o alimento da mente é o alimento do corpo. Afinal, como já enfatizado, essas duas palavras, "mente" e "corpo", são apenas os dois lados da mesma moeda orgânica.

Qualquer busca é uma pergunta. A certeza não inicia nenhuma aventura. Considerando que o ato de comer descuidado não leva a sua mente a nenhum lugar especial, a alimentação consciente é uma investigação aberta para o mistério do que é. Reivindicar a palavra "caloria" é parte dessa busca. Na visão da velha escola (ocidental), as calorias são nulas de significado existencial. Como o dinheiro, as calorias são algo para contar e não gastar mais. A nova visão de uma refeição incentiva você a ir em frente e explodir seu pacote existencial. Essa nova visão lhe pede para gastar sua mente e não economizar a sua presença até mais tarde no tempo (que, por sinal, nunca vai ocorrer, porque a vida é sempre o agora). Repense a palavra "caloria" e a enxergue como uma busca de calor existencial-experiencial. Pergunte a si mesmo: "O que significa esse momento de me alimentar?". E então passe a apreciar as calorias do momento.

capítulo 6

Reinventando a refeição oryoki

Saber quando é o suficiente é realmente gratificante.

— Dao De Jing

A refeição é um evento. Comer é o processo por trás disso. Prestar atenção nesse processo de se alimentar é ao mesmo tempo satisfatório e algo que esvazia. Como tal, uma refeição que envolve foco no processo não é apenas um evento nutricional, mas também um evento de meditação. Os budistas há muito tempo compreenderam isso. Vamos aprender com eles – em essência, mas não necessariamente na forma.

Forma Oryoki.

Oryoki, que é o termo japonês para "o suficiente" ou "já é o bastante", é uma forma de comer meditando – uma prática orientada por protocolos altamente coreografados que seguem um restrito rol de sugestões para manter a mente focada no processo de comer. No lado técnico, uma refeição *oryoki* envolve um conjunto de tigelas de madeira (*jihatsu*), sendo a maior tigela (*zuhatsu*) chamada de tigela de Buda, e ainda um conjunto de utensílios como talheres que são dobrados em um guardanapo no estilo de um burrito, ou *wrap*. *Oryoki* é um processo que foi construído com pausas para entoar a oração e expressar graças ou gratidão, e uma oportunidade formal para a doação de sobras. *Oryoki* é um ótimo exemplo de uma reinvenção total da refeição! Essa antiga tradição ainda está viva e bem em alguns círculos. Ela ainda é praticada nos mosteiros zen e em alguns centros de retiro budistas.

Convertendo o refeitório em uma sala de meditação

Por que a refeição *oryoki* evoluiu? Aqui estão algumas especulações leigas da minha parte: Imagine-se como um mestre zen medieval sendo escolhido para dirigir um mosteiro budista. Dia sim, dia não, você tem um monte de gente batendo à sua porta em busca de admissão, refúgio, proteção – em outras palavras, hospedagem e alimentação. Não sendo possível ler mentes e filtrar o *dharma* de candidatos com motivações sinceras, você cria um esquema brilhante. Decide transformar a sala de jantar em uma sala de meditação. E aparece com um protocolo de jantar altamente codificado que enfatiza sequências precisas de movimentos que incluem parar de comer quando alguém esteja satisfeito, limpar seu lugar ao sair e entoar cânticos litúrgicos. Essa solução administrativa brilhante mata vários coelhos com uma cajadada. Primeiro de tudo, ali há um público cativo: um estômago faminto significa uma mente atenta. Em segundo lugar, insistindo que a refeição seja feita de maneira consciente, isso assegura que os monges não comam demais sem pensar, o que ajuda a garantir que os suprimentos de comida do mosteiro sejam adequadamente utilizados. Em terceiro lugar, ao instituir um ritual de alimentação cuidadosamente coreografado e sincronizado, você está se certificando de que aquele grupo desorganizado de corpos que entraram pela porta funcione como uma comunidade unida com atenção plena; que os novatos que ainda supervalorizam seu ego os tenha repetidamente desafiado a cada refeição, ao serem instruídos sobre como comer; e que não haja muita bagunça no refeitório quando todos tiverem terminado de comer.

Falando sério, deixando essas motivações administrativas à parte, a refeição *oryoki* é uma tentativa de transformar o ato de comer em uma plataforma para a meditação. Fazer isso assegura uma perfeita integração da meditação em todos os detalhes práticos da vida diária. *Oryoki* – em sua essência – é *zazen* (uma forma de meditação em que se fica sentado), com a principal diferença de que a sessão é feita na sala de jantar, e não na sala de meditação, derrubando eficazmente a distinção entre esses dois espaços e fundindo tudo em uma única e mesma coisa: um campo para a prática do viver consciente. Encorajo-o a experimentar transformar sua própria sala de jantar em uma sala de meditação.

Soluções tornam-se problemas

Há um problema: cerimônias e rituais tendem a se calcificar, como os fósseis. Tradições que foram projetadas para manter a mente fluindo acabam se estagnando, fixas e cristalizadas enquanto a forma começa a eclipsar a essência. Essa é a dialética da alimentação consciente: quanto mais você focar a mente, mais você potencialmente a fecha.

Além disso, do ponto de vista de um leigo, uma refeição *oryoki* é demorada e, francamente, uma trabalheira sem parar, a todo gás. Sim, é uma profunda coreografia do corpo e da mente e uma experiência exótica. Mas a meu ver, em sua estrita forma, a mais clássica, uma refeição *oryoki* é absolutamente impraticável na vida cotidiana. Claro que você pode sempre participar de um retiro zen e passar uma semana ou duas aprendendo a comer em um silêncio orquestrado. Mas não podemos ficar em um spa mental para sempre. Em algum momento, temos que novamente voltar à nossa vida. O desafio é expressar a atitude de *oryoki* em nossas refeições cotidianas sem ter que ficar num período sabático toda hora que for comer.

✓ Tente isto: Pergunte a você mesmo do que uma mente precisa para ser alimentada

A palavra *oryoki* é composta de três símbolos em kanji: *o*, a atitude de aceitação do receptor em resposta a qualquer alimento que seja oferecido; *ryo*, uma medida, ou uma quantidade, a ser recebida, e *ki*, a tigela. Juntos, os três símbolos somam apenas satisfação suficiente. Na verdade, do que é que um corpo precisa para ser alimentado? Ele precisa de comida que a mente aceita – que a mente não se importa, se você quiser; certa quantidade dela – uma refeição ou uma porção dela (na verdade, a palavra "refeição" deriva da palavra latina para "medir"); e uma maneira de segurar a comida – uma tigela ou outro recipiente. Agora pergunte a si mesmo: "O que a mente precisa para ser alimentada?". Reflita sobre isso quando tiver oportunidade.

Essência zen, forma zen

A refeição *oryoki* é uma forma altamente indicada de comer. Mas sua essência não é a decoração meditativa. A essência de *oryoki* é a essência de comer. E o que é a essência de comer? É preencher um vazio. Considere um monge que come ao estilo *oryoki*. Tire dele a sua túnica laranja e vista-o com um jeans e uma camiseta. Tire sua tigela e lhe dê um prato de papel. Tire os pauzinhos que ele usa para comer e dê-lhe um garfo. Em seguida, veja-o comer. Embora os adereços tenham mudado, sua consciência de uma alimentação presente não se alterou. Comer com atenção plena é uma alimentação consciente, independentemente da maneira como o ritual é exercido. Mesmo sentado, é irrelevante. Pegue esse jeito *zazen* de comer *zazen* e transforme-o numa *kinhin* (um tipo de meditação em que a pessoa fica andando), e ainda assim continua sendo uma meditação ao comer. Faça com que esse monge zen ande e coma um prato cheio de batatas fritas enquanto estiver vestido com um smoking. Enquanto a mente dele estiver voltada em sua plena atenção para a experiência de comer, não importa se ele está sentado ou caminhando, ou se está comendo arroz de uma tigela de madeira laqueada ou degustando um picolé de chocolate. O que eu quero dizer? O significado para *oryoki*, "ser o suficiente", é isso: apenas comer já é o bastante.

Mas é muito fácil perder tudo isso com a distração dos apetrechos esotéricos da forma *oryoki*. A forma se destaca, porque agrada aos olhos. Nós ficamos confusos com o glamour discreto dessa tradição formal. Ficamos presos nas irrelevâncias do contexto. A mente humana é um viciado em busca da forma. Nós avidamente trocamos a essência pela forma com os carros, com a moda e com os relacionamentos. Mas a atenção plena é o antídoto. A forma passa, mas a essência permanece. Como uma forma de comer, *oryoki* importa apenas na medida em que chama a atenção para a essência do comer. Uma refeição *oryoki* negligentemente realizada não é *oryoki*, mesmo que pareça ser. No mesmo raciocínio, comer uma fatia de pizza de modo consciente enquanto estiver esperando o ônibus também pode ser bastante *oryoki*.

Oryoki diet

Aqui está o que eu proponho: uma *oryoki diet*. Ela não requer um conjunto especializado de tigelas. Um prato de papel será suficiente. E nem exige que você se sente no chão em posição de lótus. A cadeira em sua mesa de jantar normal vai servir muito bem. Não se trata de seguir o protocolo. Na verdade, trata-se de quebrar o protocolo. Trata-se de fazer-se despertar com algo tão simples como usar sua mão não dominante para comer ou utensílios desconhecidos para tirar seus hábitos alimentares do equilíbrio e fazer sua mente acordar. Essa *oryoki diet* não requer conhecimento de cânticos litúrgicos. Um mantra simples entre dois bocados levados à boca de maneira consciente resolve.

Oryoki diet não diz respeito à forma budista; trata-se, sim, da essência budista – simplesmente despertar a si mesmo sem necessidade de nenhum alarde budista exótico. Afinal de contas, é o que a palavra "Buda" significa: aquele que está desperto – e não aquele sujeito num roupão laranja sentado com tigelas decoradas e sempre cantando um mantra; é qualquer um, eu ou você, que esteja intermitentemente, ainda que brevemente, presente em nossa vida. Presença em tempo integral não é necessária. Isso é para os monges. Talvez um momento de alimentação consciente por refeição será suficiente. Esse tipo de refeição *oryoki*, a meu ver, é de fato o suficiente.

Pratique: Experienciando a oryoki diet

Nas semanas que virão, depois de um primeiro prato de relaxamento e um segundo prato de meditação, faça uma refeição *oryoki diet*. Desligue a tevê, largue o jornal e apenas coma, seguindo qualquer processo ou protocolo que preferir. Será que isso o surpreende? Você pode perguntar: "É isso? Não há mais nada nesse exercício?". Não... Basta comer. Pratique a essência *oryoki* e abra mão da forma. Isso é mais do que suficiente.

✓ Tente isto: Brinque com a tigela de buda

Tendo dispensado as formalidades *oryoki*, vamos reintroduzir uma delas, permitindo que o pêndulo da reinvenção balance um pouco de volta. Esse passo será deliciosamente simples. Se você ainda não tem uma tigela de madeira, deve comprar uma e passar a usá-la em todas as suas refeições da próxima semana. Sim, você pode ter que lavá-la entre o prato principal e a sobremesa. Dê as boas-vindas a esse súbito rompimento de padrão. Enquanto lava a tigela, esvazie sua mente com a pergunta: "Ainda estou com fome, ou apenas seguindo a velha sequência de pratos na refeição?".

Essa experiência traz realmente um valor agregado. Tenha certeza de que sua tigela é lavável. Isso permite que você trabalhe com uma estratégia de interrupção de padrão na qual esse inconveniente é uma oportunidade de meditação. Ter que lavar a tigela de Buda na mão antes ou depois de comer faz parte da mentalidade do comer consciente. É uma chatice? Pode apostar que sim – mas que trabalheira potencialmente contemplativa! Encontre a oportunidade de ser um pouco como o monge em meio a essa inconveniência.

Eu prevejo que com o tempo você vai apreciar a formação do hábito de comer continuamente de uma única e mesma tigela. O vazio familiar de sua tigela Buda antes de enchê-la de comida vai servir como uma sugestão para esvaziar sua mente antes de comer. Portanto, arrume uma tigela e seja uma tigela.

Conclusão: Pode ser um prato de papel

O filósofo e orador Jiddu Krishnamurti uma vez fez a seguinte advertência: "Ambos os rituais coletivos e individuais conferem certa tranquilidade para a mente; oferecem um contraste vital para o cotidiano, para a vida monótona. Há certa quantidade de beleza e ordem nas cerimônias, mas fundamentalmente elas logo entorpecem a mente e o coração" (2006, 19). O ponto aqui é, você não precisa de uma tigela de estilo *oryoki*. Você não necessita de pauzinhos para comer. Nem precisa sentar-se em posição de lótus no chão. E não precisa necessariamente de ficar em silêncio. As idiossincrasias esotéricas desse exótico e antigo ritual são, a meu ver, irrelevantes para a sua essência. O que importa é simplesmente isto: quando for comer, só coma. Então pegue um prato de papel e deixe sua mente voar num banquete.

Um amuse-bouche para interromper o padrão

Nós lavamos pratos. Escovamos os dentes. Que tal um pouco de higiene mental? Sim, chegou a hora novamente – a hora de esvaziar a mente, a hora de varrer as teias de aranha de noções preconcebidas sobre o comer, tempo para autorrenovação, tempo de interrupção do padrão. Esqueceu como isso funciona? Sem problemas. Deixe-me lembrá-lo: abra sua mente para uma nova perspectiva de comer, de modo que possa atualizar o seu estilo de comer.

— Ioiô de corpo-mente —

Nós não somos apenas o *que* comemos, mas também o *como* comemos. Se comermos sem pensar, na medida em que o ato de comer de maneira negligente nos leva a comer demais, nosso corpo se expande e nossa mente encolhe – do ponto de vista experiencial, é claro, e não literalmente. Quando comemos sem pensar, perdemos a experiência de comer naquele momento da vida enquanto ele passa. Se, no entanto, passamos a comer conscientemente, na medida em que o ato de comer de modo consciente restringe os excessos e auxilia na perda de peso, nosso corpo encolhe e nossa mente se expande – de novo, de maneira experiencial e não literal. Claro que a mente não fica do tamanho de um chapéu, mas o nosso horizonte consciente de eventos se amplia e nossa visão se torna mais ampla e inclusiva. Crescemos existencialmente e passamos a nos sentir enriquecidos pela experiência. Voltamos à vida. Voltamos a ficar on-line. Libere a mente para despertar sua visão antes de abrir a boca. Lembre-se de que um tubo vivo deve permanecer aberto para o fluxo.

– Seja proprietário de sua dependência –

Não há você sem o meio ambiente, sem o ego, sem o eco. Nunca existiu uma vida em um vácuo total e absoluto. Encare este fato: você é total e completamente dependente de tudo o que está ao seu redor. A necessidade de comer está aí para lembrá-lo dessa dependência, dessa interconectividade. Da próxima vez que se sentar para comer, tome posse de maneira consciente dessa dependência. Sim, você realmente depende dessa humilde ervilha verde no seu prato, desse pedaço de maçã, dessa fatia de pão e desse copo de água. Quando seu queixo mergulhar em direção à comida, transforme essa inclinação para a frente em uma curva de gratidão – e em uma reverência para si mesmo. Não existe *você* sem esse alimento. Essa humilde ervilha verde, esse pedaço de maçã, essa fatia de pão, esse copo de água estão todos prestes a se tornar *você*. Transforme seu avanço para a comida em uma profunda reverência agradecida: "Aqui vou eu. Eu sou isso".

— Comer é sincronicidade —

Comer é o autocuidado metabólico. Como tal, comer nos ensina a diferença entre solidão e estar solitário. Comer sozinho é uma oportunidade para a solidão. Coma algumas refeições por conta própria e sem distrações: sem tevê, sem smartphones, sem nenhum jornal, sem música — só você, tendo sua própria companhia como sobremesa. Veja o que se desenrola.

— Parceria consciente no ato de comer —

Em seu livro *Sun of gOd*, Gregory Sams incentiva os leitores a serem conscientes de sua relação com a comida que ingerem: "Olhe para a sua comida, prove-a, sinta o sabor". Então ele pergunta: "Você deseja que essa comida se torne você?" (2009, 213). Que pergunta! A iniciativa de comer de maneira consciente é uma parceria consciente. Quando estamos comendo, entramos em uma união com aquilo, um casamento com um aspecto da realidade, um casamento com a matéria. Por isso, faz todo o sentido sermos seletivos, exigentes, discriminativos e conscientes sobre tudo aquilo que permitimos que entre em nosso corpo, sobre em que nos permitimos nos transformar. Nós somos aquilo que comemos, e somos a companhia que temos. Então, ao mesmo tempo que entrar em comunhão com a realidade na sua próxima refeição, dê uma boa olhada no seu parceiro em potencial. Quem vai fazer de você um melhor parceiro quanto à saúde? Quem merece a aliança de seu compromisso metabólico: essa coxinha de frango frita e sem vida ou essa cenoura corada? Você quer fazer parceria com esse alimento, ou vai se divorciar dele com outra dieta depois daquela lua de mel fugaz? Será que esse alimento pode ser um parceiro para a vida e para a saúde, ou apenas mais um caso de uma noite nutricionalmente e existencialmente sem sentido de uma alimentação pouco saudável? Escolha um amante que o ame de volta, um alimento que vai nutri-lo e apoiá-lo, em vez de escolher calorias nutricionalmente e experiencialmente vazias, e das quais será obrigado mais tarde a se livrar com o seu seguro-saúde.

— Pedra comendo pedra —

Dê uma olhada em seus dentes brancos e brilhantes e preste atenção: dentes humanos são "depósitos de lixo tóxico que foram convertidos: evolutivamente, [eles] derivam da necessidade das células marinhas de despejar resíduos de cálcio para fora de suas membranas celulares" (Sagan 1990, 63). Da próxima vez que beber um copo de leite rico em cálcio ou comer um pouco de couve, considere a ironia desse momento: feito em parte de pedra, você está comendo pedra. Olha quantas rochas existem nesta Terra! Essa terceira rocha, que vem do sol, está usando você para ranger os dentes e se triturar. Que maravilha!

— Comer é autotranscendência —

Você é uma pirâmide que se alimenta: milhares de milhões de bocas minúsculas com sua boca enorme em cima. Seu rito de comer — dentro dos limites do seu corpo — é algo comunal. Com isso em mente, pergunte-se quem come. Você se perguntar "Quem está comendo?" é realmente apenas uma maneira de perguntar: "Quem sou eu?". Na verdade, quem é você, criatura composta? Mastigue sobre esse mistério de comer enquanto "você" se alimenta. Transcenda os estereótipos de si mesmo.

— Dois tipos de "estou só comendo" —

Comer pode significar tantas coisas diferentes! Pode ser uma proclamação da ética, um autocuidado físico e emocional, ou um pretexto para se socializar. E então existe o "estou só comendo": comer para seu próprio bem. Esse tipo de "estar só comendo" pode ser consciente ou irracional. Podemos negligentemente ficar nos alimentando meio no automático até que alguém se preocupe e pergunte: "O que você está fazendo?". Talvez na defensiva, iremos responder: "Nada de mais. Apenas comendo". Mas esse "estar só comendo" pode ser do tipo atento, quando você desliga a tevê, deixa de lado o celular e fica ali, "apenas comendo". Enquanto estiver planejando o que comer hoje à noite, reflita qual dos dois "estou só comendo" vai fazer a verdadeira justiça para suas intenções alimentares: o tipo irracional ou o tipo consciente.

— Comer não é "só comer" —

A maioria das pessoas vê a meditação como uma coisa extra para fazer. Mas muitas atividades – e o processo da alimentação está aí incluído –, podem servir como uma plataforma para a meditação, e comer assim tem um valor inestimável. Enquanto desfrutar sua próxima refeição, não dê uma mordida desatenta, coma de maneira consciente. O que é isso? Um momento de alimentação consciente. Não se empanturre de comida, se empanturre do momento. Lembre-se de que a alimentação não é "apenas comer". Transforme sua sala de jantar em uma sala de meditação. Reconheça que comer não é apenas uma oportunidade para abrir a boca, mas também uma oportunidade de abrir a mente. Abra-a de uma vez!

capítulo 7

Reinventando a sobremesa

Kenge [o pigmeu] estava sozinho, dançando e cantando baixinho para si mesmo quando olhou para as copas das árvores... Eu fui até a clareira e perguntei, em tom de brincadeira, por que ele estava dançando sozinho... "Mas eu não estou dançando sozinho", disse ele. "Estou dançando com a floresta, dançando com a lua." Então, com a maior indiferença, ele me ignorou e continuou sua dança de amor e de vida.

— Colin Turnbull, *The Forest People*

A sobremesa é entretenimento para uma mente vazia quando o estômago já está cheio. Houve um tempo em que não havia necessidade de sobremesa. Comer era uma questão de sobrevivência. Sobreviver já era entretenimento suficiente. Então nós nos tornamos civilizados. Nós nos estabelecemos em vilas e cidades e ficamos bons em agricultura e no armazenamento de alimentos. Aprendemos a ter certeza de que sempre teríamos o suficiente para comer e sobreviver. Uma vez que a sobrevivência tornou-se garantida, então apenas comer já não era suficientemente estimulante. Tivemos que vir com algo novo. Tivemos que encontrar algo exótico, alguns alimentos difíceis de obter para assim podermos provocar a mente. Tivemos que apimentar as coisas, por assim dizer, para tornar aquele ato de comer uma coisa estimulante e interessante novamente. Simplesmente sentar e comer ficou algo chato de fazer, e nós tivemos que vir com alguma coisa para acabar com esse tédio alimentar. Ansiávamos por sutilezas ("sutilezas" era um termo para "sobremesa" na Inglaterra medieval). Nós ansiávamos por algo que pudesse reacender o sentimento de prazer ao comer. E descobrimos isso tudo na sobremesa, em uma refeição autônoma dentro da refeição (conhecida como *secundae mensa*, que significa "segunda refeição", no tempo dos romanos). O objetivo deste capítulo é redescobrir as sobremesas disponíveis em cada mordida.

O koan do comer consciente

Tenho certeza de que você já ouviu falar daquele clássico *koan*: "Se uma árvore cai em uma floresta e ninguém está lá para ouvi-la, faz barulho?". (*Koan* é um diálogo, uma narrativa, questão ou afirmação no budismo zen). Claro que faz, e, é claro, também não faz. Depende do que você entende por "som". Se você quer dizer ondas de ar, então é claro que a árvore faz barulho, quer ela caia no meio de um teatro, quer na superfície da lua. Mas se por "som" quer dizer percepção do som – a experiência subjetiva de ouvir quando as ondas de ar começam a bater nas portas dos tímpanos – então não, uma árvore que cai não faz nenhum som, se não há ouvidos por perto para ouvir aquelas ondas de ar.

Com isso em mente, considere a seguinte pergunta: Se o alimento é ingerido sem pensar, ele tem um gosto? Claro que tem, e, é claro, não tem. Se por "gosto" quer dizer propriedades químicas objetivas (tem muito sal, bastante açúcar, e assim por diante), então sim, a comida tem um gosto, mesmo que você se alimente como um robô. Mas se por "gosto" você quer dizer a percepção do sabor, o registro subjetivo do sabor, então não, a comida não tem gosto, se for ingerida sem pensar. Se estivermos negligentemente ocupados assistindo à tevê ou navegando na internet, estaremos então cegos e surdos em relação ao sabor dos alimentos que estivermos comendo.

Agora me deixe perguntar-lhe isto: sorvete é uma sobremesa? Claro que é, e, é claro, não é. Se for comido conscientemente, é. Mas se for ingerido sem conexão com a mente, não é.

Agora o meu *koan* final para você: picles é sobremesa?

Toda refeição é uma sobremesa

Em essência, a sobremesa é um deleite para a mente. Na refeição da velha escola, é talvez o prato mais conscientemente consumido – o único que é ativamente antecipado e energeticamente apreciado. A psicologia da sobremesa é, literalmente, agradar a mente, criar uma experiência de prazer gustativo. Como tal, a sobremesa é um curso de prazer. O paradigma da nova refeição não depende de doçura para evocar prazer, mas usa a atenção plena para aumentar o prazer, não importa o que você esteja comendo. Como tal, cada refeição pode ser vista como uma sobremesa que chega sem parar, uma experiência contínua de comer e de prazer, que vem não pelo gosto, mas como meio de servir a esse gosto. Na verdade, uma sobremesa clássica negligentemente ingerida não tem gosto, assim como uma árvore que cai numa floresta sem que haja alguém lá para ouvi-la não emite nenhum som. Sem a presença da mente não há experiência, não importa o que você esteja comendo. Por outro lado, a presença da mente transforma qualquer refeição decente em um momento potencial de prazer. A atenção consciente é o melhor doceiro que existe.

Sobremesa = Prazer

Historicamente, a sobremesa sempre foi sinônimo de doçura. As sobremesas modernas, no entanto, enfatizam menos o açúcar e mais a sutileza, a originalidade, a apresentação. E para algumas pessoas, o final de uma refeição pode ser qualquer coisa, menos algo doce. Pode ser um punhado de nozes salgadas ou queijo. A ideia da sobremesa vem passando por uma destilação gradual, mas inevitável. Na sua essência, a sobremesa não é algo baseado nas especificidades do gosto, mas no prazer. Igualar a sobremesa ao prazer é um ponto importante na evolução da alimentação consciente e faz com que cada prato seja uma sobremesa potencial. Afinal de contas, a alimentação consciente é fundamentalmente hedônica, trata-se de saborear e redescobrir o prazer de comer em cada mordida.

Atenção plena = Prazer

Vamos encarar isto: a gente não compra o que não tem intenção de desfrutar. Quando você comprar comida, tudo o que colocar em seu carrinho está pré-selecionado por causa de seu potencial prazer. Portanto, tudo o que você compra é, potencialmente, uma sobremesa, ou seja, uma fonte potencial de prazer. Pelo menos no Ocidente, chegamos a um ponto em que se espera que tudo o que comemos deva ser gostoso. Mas então, muitas vezes, sem pensar, desligamos a sintonia e passamos a ignorar o gosto da própria coisa que nos propusemos a desfrutar. Por isso, perdemos todo o prazer.

A atenção plena vem para o resgate! A atenção plena é uma espécie de alquimia culinária que pode elevar experiencialmente uma tigela de arroz integral a uma porção de tiramisu. O comer consciente visa a explorar o potencial prazer da comida que tão cuidadosamente selecionamos e preparamos. Jon Kabat-Zinn, um pioneiro ocidental da teoria da atenção plena, introduziu a meditação agora icônica em seu programa de redução de estresse baseado exatamente na atenção plena (1990). Os participantes da oficina seriam induzidos em um momento determinado a comer com atenção plena um punhado de passas. O prazer, e, portanto, a sobremesa, se esconde sob a superfície em toda parte. A atenção plena, não a língua, é a pá que ajuda a desenterrá-lo.

Repense a sobremesa. Reconheça o potencial de prazer que existe em tudo o que você come. Comece a usar o termo "sobremesa" de maneira indiscriminada, como em "Para a sobremesa, teremos um pouco de sopa". Sim, isso soa um bocado estranho. Mas pensar sobre essa ideia define uma intenção de gozo. Quando você diz a si mesmo que vai comer um pouco de sopa como sobremesa, está lembrando a si mesmo que deve apreciar essa sobremesa conscientemente. Você está se lembrando de encantar a sua mente com mais um momento dedicado ao ato de comer.

O prazer é uma escolha

Comer é saber. Lá atrás, nos dias primordiais de nossas origens, exploramos o mundo por meio da boca. A boca era a mão, exatamente como ainda é para crianças pequenas e para os cães que carregam bolas de tênis até nós para que as joguemos de novo. Nossos primeiros ancestrais conheciam o mundo provando literalmente este mundo. Iriam provar isso e aquilo para ver o que era isso e aquilo, como era isso e aquilo, e assim que descobrissem, então já saberiam "qual era o gosto" e continuariam a escolher os sabores de que mais gostassem.

Você tem que escolher interagir com o que estiver comendo, se pretende conhecer o sabor. Uma mente zumbi não faz essas escolhas; ela segue simplesmente o sulco bem trilhado de um hábito. Um zumbi glutão apenas segue o programa já estabelecido: ignora o prato principal e depois acorda para a sobremesa porque a sobremesa é a coisa a ser apreciada, enquanto que o prato principal é apenas para ser comido. Claro, a mente zumbi não vê suas próprias inconsistências. Ela ignora o fato de que os alimentos que foram escolhidos para compor o prato principal tinham sido selecionados exatamente com base nesse prazer antecipado. Assim que a mente zumbi senta-se à mesa e percebe que há uma sobremesa à frente, segue em piloto automático até chegar a esse último esforço de se dar prazer.

Essa é a maneira de pensar da velha escola. O paradigma da nova refeição não adia nenhum tipo de prazer. Então, escolha ter prazer e diversão desde o começo. Não há necessidade de esperar até que se sinta estufado demais para se preocupar com isso. Comece cada refeição com a sobremesa de prazer consciente.

✓ Tente isto: Documente o prazer

Da próxima vez que se sentar para comer, leve uma caneta e um pedaço de papel na mão e, enquanto estiver comendo, escreva um sinal de + para cada momento de prazer que conscientemente for capaz de registrar. Se a página estiver visivelmente em branco, é hora de se perguntar: "Qual é o potencial de prazer nesse momento?". Deixe de lado as noções preconcebidas sobre sobremesa e tente se concentrar apenas no prazer. Quando chegar ao final da refeição e começar a pensar sobre o que você habitualmente costuma ter para a sobremesa, dê uma olhada no registro de prazer que fez até então. Aí, pode acontecer de acender uma lâmpada no cérebro: "Ei, espere um segundo, eu já comi a minha sobremesa. Estou satisfeito".

✓ Tente isto: Redescubra a sobremesa na sobremesa

Não me interprete mal: eu não me oponho à sobremesa no sentido clássico. Se você quer uma sobremesa tradicional, então, por favor, sirva-se dela. Apenas faça isso de maneira consciente, atenta, senão pode correr o risco de perder o prazer. Use técnicas de interrupção do padrão, como comer com a mão não dominante, e as estratégias de ampliar as sensações, como comer com os olhos fechados, para aumentar o máximo de prazer dessa experiência.

Conclusão: Uma "dieta" de sobremesas

Em suma: a atenção plena = prazer = sobremesa. Se você quiser ter sobremesa, sirva-se de alguma atenção. A maioria de nós faz três refeições por dia. A maioria dessas refeições tem, pelo menos, dois pratos de que se pode desfrutar. Se esses pratos forem consumidos de maneira atenta e consciente, isso vai somar pelo menos meia dúzia de sobremesas por dia. Lembre-se, comer consciente = alimentação à base de prazer. A mente é sua própria fonte de prazer. Divirta-se e aprecie, não importa o que você esteja comendo. Você é sua própria sobremesa.

Um amuse-bouche para interromper o padrão

A mente – quando formada – para de fluir. Hábitos, estereótipos, definições e noções preconcebidas são como pregos num caixão: eles ajudam a manter uma tampa sobre a mudança e manter a mente fechada. Por mais que as interrupções de padrão possam ser desorientadoras e confusas, elas acabam por libertar o zumbi de seu caixão de lógica. Enquanto se preparar para mais um dia com no mínimo três refeições, use as vinhetas de interrupção de padrões abaixo como ferramentas de uma rebelião consciente. É hora de deixar sua mente fugir da gaiola de comer sem sentido. Sirva-se de um aperitivo de presença meditativa.

– Uma porção de atemporalidade –

As sociedades consumistas prosperam com os zumbis de consumo. E o ato de comer com consciência é uma maneira de acabar com essa máquina de insensatez. O comer consciente leva a viver com plena consciência, o que leva de volta à alimentação consciente, que circula de volta para viver com plena consciência. Reinvente sua alimentação para reinventar sua vida. O comer consciente é uma oportunidade de despertar, geralmente pelo menos três vezes por dia. Encontre um relógio que não esteja funcionando e o coloque em sua mesa de jantar como uma metáfora e como um lembrete de que comer é uma oportunidade para a atemporalidade. Aqui está você. Porque arrumou tempo para estar aqui e para comer. Então, leve o tempo que quiser, esteja aqui e coma.

— Tradição oral —

Assim como um eco sem fim, a tradição oral de uma alimentação humana repercute de uma geração de zumbis glutões para a próxima. Quem lhe ensinou a ignorar a si mesmo enquanto come? A quem você está ensinando a ignorar a Terra, enquanto a devora? Qual é o seu papel nesse hábito cultural de comer insensatamente?

— Uma lembrança para si mesmo —

Você não pode confiar no corpo para acordar sozinho: o dorminhoco está dormindo. Seu corpo nunca está presente pelo tempo suficiente para você contar com ele quando reaparecer; muda de nanossegundo a nanossegundo, a cada respiração e a cada mordida. Com relação ao seu corpo, você nunca foi fixo e imutável. Pedir ao seu corpo para se lembrar de desacelerar na próxima vez em que comer é como enviar uma carta sem destinatário. O corpo para quem a carta está sendo enviada ainda não existe. O corpo que vai se alimentar na próxima refeição ainda não nasceu. Mas você – a presença inefável da consciência – permanece de uma reencarnação momentânea do corpo para a seguinte atravessando todas as suas metamorfoses metabólicas. Escreva uma carta de sua mente para a sua mente, de si mesmo para si mesmo, para lembrar-se – entre uma refeição e a seguinte – da tradição oral da alimentação consciente. Pratique a alimentação consciente para cultivar uma autolembrança para si mesmo.

— A lila do comer —

Quando éramos crianças, gostávamos de interpretar papéis, fingindo e testando os limites da nossa realidade. Nós até nos fingimos de mortos. Qualquer jogo ou brincadeira de interpretação de papéis é tanto um aprendizado sobre o mundo quanto um aprendizado sobre si mesmo. Na tentativa de adivinhar como seria ser desse jeito ou daquele, descobrimos quem somos ao perceber nossa identidade por meio de todos os papéis que interpretamos. Mas o que é que permanece constante e imutável enquanto nos transformamos de um papel ao outro? Essa questão é um jogo antigo de conhecimento, e nós o jogamos todos os dias ao sentarmos para comer. Comer é também uma troca de informações, uma inversão de papéis: aquele que come ingere o alimento e se torna alimento para outro que vai comer, por nenhuma outra razão a não ser viver.

Comer também é uma forma de jogo ou *lila*, um conceito hindu que é "entendido como atividade divina sem propósito" (Haberman 1994, 229). *Lila* é um tipo de drama cósmico, o jogo da criação de autoperpetuação. É uma viagem através da floresta da vida que transforma o viajante por meio de um ciclo interminável de mudança por nenhuma outra razão que não jogar... Esta é uma proposição poderosa, sóbria e libertadora: a de que "toda a vida é *lila*, ou jogo sem propósito" (Haberman 1994, viii). Enquanto interpreta o drama de comer, pergunte-se: "Por que estou fazendo isso? Qual é o objetivo do ato de comer? Por que construir e manter esse corpo só para vê-lo se deteriorar com a idade?".

Sonde a aparente inutilidade dessa transmutação de comer: Aqui está você, escavando o mundo em busca de nutrientes e sustento, e continuamente recriando a si mesmo por meio da realidade que consome e vestindo-se com a carne da realidade. Mas para quê? Permita que sua mente gire em círculos de autojustificação. E então, quando estiver finalmente pronto para abandonar esse jogo do sentido, permita-se deixar todas essas perguntas sem resposta.

As pessoas muitas vezes perguntam: "Qual é o sentido da vida?". O sentido da vida é viver. Essa é a *lila* da vida. Comer para jogar. Jogar para comer. Essa é a sua vez, matéria viva – a sua vez no jogo da criação. Construa seu corpo, construa sua mente, construa seu significado, construa seu legado, construa suas pirâmides e impérios, construa esse edifício da vida. E aproveite para cair fora do processo. A vida é uma hora de recreio, de brincar – a sua hora do recreio. Esse é o momento de encenar a sua peça, a hora de seu aprendizado e de seu amor, e o ato de comer torna tudo isso possível. Na verdade, de que outro modo o Universo poderá educar a sua própria matéria a não ser dando a si mesmo uma chance de viver? A escola da vida se importa consigo por meio de seus olhos, pela boca, e pelo seu jogo. E no jogo, o Universo muda constantemente a si mesmo, de modo que há sempre algo novo para aprender, descobrir e entender. Jogue com esse alimento para a mente.

– Processo é o ponto –

Qual é o "x" da questão em relação à comida? Viver. Qual o sentido de viver? Comer. Viu o círculo? Muitas vezes as pessoas perguntam: "Você come para viver, ou você vive para comer?". Minha resposta normalmente é: "ambos e nenhum". Observe o círculo desaparecer.

Quando você for se alimentar da próxima vez, pergunte-se: "Qual é o *sentido* de tudo isso?".

Em seguida, considere o seguinte: a vida é um processo, não um ponto para fazer sentido por si. Reduzir o processo de vida a um ponto é artificial. Claro, nós poderíamos jogar jogos de palavras em que diríamos algo do tipo "O processo é o ponto que faz sentido" ou ainda "A jornada é o destino".

Então, enquanto estiver fazendo sua refeição, reformule a pergunta: "Qual é o *processo* de tudo isso?".

Observe o que muda quando você altera de "Qual é o sentido de tudo isso?" para "Qual é o processo de tudo isso?" Perceba que uma pergunta fecha portas e que a outra abre portas.

Reflita sobre esse carrossel perpétuo de comer e viver. Comer a Terra nos torna Terra. Isso é uma inutilidade ou um privilégio? Eu digo, "os dois e nenhum dos dois". Cada vez que a vida percorre esse circuito de mudança, ela muda o próprio caminho que pisa com os seus passos. Comer – a agitação metabólica da matéria – é como um bilhete de loteria que reorganiza constantemente as variáveis da vida. Você está vivo. Você – uma constelação aleatória de matéria, única e em constante mudança – ganhou o bilhete de *lila*. Tempo para jogar. Tempo para comer. Tempo para viver.

– Revezamento no ato de comer –

Comer é uma atividade metabólica de dar e receber. Assim como você toma, você dá. Esse é o jogo de *lila* expresso em termos termodinâmicos e metabólicos. Nas palavras da bióloga Lynn Margulis e do cientista e escritor Dorion Sagan, "todos os organismos levam vidas múltiplas. Uma bactéria atende às suas próprias necessidades nas lamas de um pântano de sal, mas também molda o ambiente, alterando a atmosfera. Como membro de uma comunidade, ela remove os resíduos do seu vizinho e gera outro alimento" (2001, 341).

Comer é a transmutação de energia e matéria em energia e matéria. O fogo solar é convertido no fogo verde da fotossíntese, o qual é convertido no fogo metabólico da mecânica celular, o qual é convertido no fogo invisível das aspirações conscientes, que é convertido no fogo industrial do edifício da civilização. Todos nós somos apanhados nesse revezamento no estilo olímpico, carregando a pira com a chama da vida, passando-a de um pulmão a outro, de uma boca a outra, de uma mente a outra. Analise a sua função atual nesse círculo da vida. O que você vai fazer com esse fogo que engoliu, engolidor de fogo? O que você vai acender ou incendiar com a energia de vida que acabou de comer? Você vai compartilhar a luz do sol que digeriu? "A vida é uma química incessante da dissipação de calor", disse Lynn Margulis e Dorion Sagan (2001, 341). Que pensamento reconfortante! Então, da próxima vez que você comer, pergunte a si mesmo: "Para quem vou passar a pira da chama de energia? Como vou dissipar esse calor vital? Quem vou esquentar com isso?

capítulo 8

Reinventando o jejum

O Dao está presente no vazio. O vazio é o jejum da mente.

— Zhuangzi

Antes de prosseguirmos, uma ressalva: se você tem lutado com a alimentação restritiva ou foi diagnosticado com anorexia, este capítulo não é destinado a você. Pode lê-lo, é claro, mas se achar que de algum modo ele é comportamentalmente convincente, sugiro que procure um psicólogo ou psicoterapeuta experiente para discutir esse material e sua relevância para você.

Comer – em seu núcleo funcional e existencial – está ali para quebrar um jejum. Ao contrário das plantas, que geralmente têm seu alimento entregue pelo sol, os animais precisam trabalhar para viver. A vida animal tem que ir à procura de suprimentos, caçar ou recolher (ou comprar, em nossa manifestação urbana) antes que possa comer. De volta aos nossos dias de evolução, depois de um período de descanso, despertamos em um estado de fome e saímos para caçar e coletar, até conseguirmos algum sustento para satisfazer a nossa fome, para romper nosso jejum.

Comer somente quando necessário, porque estávamos com fome, fazia sentido por milhões de anos, e ainda faz sentido. A única vez que comer à base de necessidade não fazia sentido era quando a comida era extraordinariamente escassa. Nessas circunstâncias, comer em excesso e se fartar sempre que possível fazia sentido do ponto de vista da sobrevivência. Mas a agricultura mudou tudo. Já como uma civilização, conseguimos assegurar uma fonte razoavelmente constante de comida, pelo menos para a maioria de nós. Vamos encarar o fato: se você está lendo agora sobre alimentação consciente, é provável que não esteja sofrendo de fome, por isso comer demais na antecipação de que vai sofrer de fome, usando o corpo para armazenar energia no caso de escassez de alimentos, seria um exagero.

Este capítulo é sobre reinventar o jejum, sobre reconhecer que *não comer* também faz parte da alimentação consciente. Não se trata de jejuns prolongados de limpeza, mas perceber e aproveitar as oportunidades diárias para o jejum que negligentemente ignoramos quando somos acionados a comer baseados no relógio.

Comer regulados pelo relógio é irracional demais

A maioria de nós tem sido culturalmente condicionada a comer pelo menos três refeições por dia, geralmente café da manhã, almoço e jantar. Assim, um dia de alimentação regular não parece ser completo a menos que você tenha passado por todas as três refeições, no mínimo. Nossa abordagem para comer é semelhante a uma lista de coisas a fazer: é preciso tomar café da manhã, almoçar e jantar. E você tem que fazer isso mais ou menos nos momentos culturalmente prescritos: café da manhã é no período da manhã, almoços são para o meio-dia, e jantares devem ser feitos até o final do dia. Esse paradigma de três refeições por dia com base no tempo ignora o fato básico de que nossas demandas de energia variam cotidianamente e que não há dois dias iguais. Como resultado, comemos quando não sentimos vontade de comer e não comemos quando sentimos vontade de comer – não por causa do fluxo caótico da oferta de alimentos, mas porque a nossa alimentação segue um cronograma da mente, em vez de uma programação do corpo. Não é à toa que o ato de comer baseado no relógio resulta em excessos sem sentido. Então, permitir-se jejuar até sentir de verdade que está com fome é uma oportunidade para reunir o corpo e a mente em um ato de alimentação consciente.

Qualquer refeição é uma maneira de quebrar o jejum

O paradigma da nova refeição vê cada uma delas como uma maneira de quebrar o jejum, uma intervenção para a fome da boca, e não para a fome da mente. Talvez isso o possa deixar nervoso. Talvez você esteja sujeito ao medo comum de que, se esperar muito tempo para comer e ficar com muita fome, estará mais propenso a comer demais. Essa preocupação não é relevante aqui. Eu não estou sugerindo que aguarde até que esteja com muita fome. Estou sugerindo que espere até que fique com fome suficiente para comer.

Eu recomendo que você abandone a linguagem confusa das refeições, como "café da manhã", "almoço", "jantar", "ceia" e "lanche". Convido-o a pensar em cada refeição como uma ruptura do jejum. Nesse esquema de etiquetar tudo de novo, sua primeira refeição da manhã torna-se "a primeira ruptura do jejum". O que se seguir será a "segunda ruptura do jejum", o que seria, pela antiga terminologia, um lanche no meio da manhã, um almoço no meio do dia ou um lanche no meio da tarde. E o que se seguir será a "terceira ruptura do jejum", mesmo que aconteça de ser o que era anteriormente considerado um jantar ou ceia.

Se servir de consolo, de qualquer maneira, a palavra "jantar" significa "romper o jejum". Ela tem sua origem no verbo galo-românico *desjunare*, que significava "quebrar o jejum de alguém", que por sua vez veio do latim *disjejunare*, em que o *dis* significa "desfazer", e *jejunus* significa "em jejum, faminto". Em português, essa palavra se transformou em *desjejum*.

Deixar de lado os termos usados na velha refeição irá ajudá-lo a cortar o cordão umbilical do tempo. No novo paradigma, o tempo de uma refeição não se liga ao tempo e aos horários por si só; trata-se mais de sua fisiologia pessoal e do momento da sua fome real. Você come a sua primeira refeição quando estiver pronto para quebrar o seu jejum, e não quando for a hora de ter a refeição matinal. Ao reenquadrar semanticamente cada refeição como o quebrar o jejum, você estará se libertando das irrelevâncias arbitrárias de coordenação com base no tempo. Você ficará satisfeito ao descobrir que o seu comer, de repente, começa a ser sobre você – que é como deve ser!

Deixar de lado essas designações de cada refeição com base no tempo também permite que você amplie suas opções nutricionais. Não há absolutamente nenhuma razão para que o seu primeiro ato de quebrar o jejum tenha que envolver torradas e cereais. Nossas noções de refeições baseadas no tempo já vêm pré-embaladas com ideias sobre o que é e o que não é apropriado para um determinado momento do dia. Assim, essa maneira de estruturar os nossos menus é um condicionamento cultural completamente arbitrário e que não tem nada a ver com as nossas preferências do momento e com as demandas e necessidades nutricionais.

Eu percebo que fazer essa mudança provavelmente irá causar um grande problema na dinâmica de sua vida social. Também percebo que você pode ficar um pouco preocupado com o fato de ter que sempre esperar até ficar com fome para poder comer. Sim, concordo que é um pensamento potencialmente estressante – a não ser, é claro, que aprenda a apreciar os aspectos meditativos de sentir fome. Mas eu entendo. Também não gosto de regras absolutas, e não vou propor nada tão absoluto para mim mesmo. Então me deixe esclarecer um ponto importante: não há problema em comer quando não está com fome. Afinal de contas, você tem feito isso na maior parte de sua vida. Então, se ocasionalmente sentir vontade de comer algo não porque esteja com fome, mas apenas porque quer, faça-o. Isso não vai matá-lo. No entanto, vamos concordar em chamar essa experiência de comer o que ela é: não uma refeição, mas um petisco entre os momentos de quebrar o jejum.

O tempo de jejum é um tempo lento

Depois de ter falado sobre os momentos de quebrar o jejum, agora vamos falar sobre os próprios jejuns. Não há nada a temer sobre jejuns diários. Você já faz jejuns todos os dias, em média por cerca de oito horas, a partir do momento em que vai para a cama até acordar no dia seguinte. Depois, faz outros jejuns entre as refeições e os lanches durante o dia. O jejum é simplesmente não comer. Mas ao reconceituar todas as suas refeições como quebras do jejum, você está prolongando um pouco o tempo de jejum entre as refeições, fazendo com que o ato de comer dependa da fome, em vez do tempo. E com esse movimento de aumentar o tempo de jejum entre as refeições, você vai realmente adicionar algum tempo ao seu cotidiano. Em vez de sair correndo para descobrir o que comer no almoço, você pode ignorá-lo, porque não sente fome e pode poupar-se do incômodo de preparar a refeição do meio-dia. Em vez disso, você pode optar por usar esse tempo para desacelerar e relaxar.

Quando pensamos em jejum, normalmente visualizamos longos períodos de tempo sem comer – dias, talvez até semanas. Isso não é o que o jejum diário prevê. O jejum diário é simplesmente deixar o tempo ocioso entre as refeições se estender, não pela força de vontade e por algum tipo de restrição, mas, naturalmente, porque você ainda não está pronto para comer. Fazer jejum diário é deixar a roda das refeições desacelerar por si só. Trata-se também de aproveitar conscientemente o tempo ocioso que foi ganho por não comer, usando-o para a meditação, a contemplação e o rejuvenescimento psicoespirituais. O jejum é o tempo de inatividade para o corpo e a mente. E não é apenas o tempo anteriormente gasto ao comer que você vai ganhar. O jejum diário significa menos tempo gasto nas compras e em cozinhar também, e, portanto, mais vida!

Os benefícios do jejum diário para a saúde

De acordo com especialistas na restrição de calorias e em jejum, alongar o tempo de jejum entre as refeições pode ajudar a prolongar sua vida – e sua saúde. A restrição calórica é "uma abordagem para a saúde, e a longevidade que defende que consumir menos calorias por dia do que o seu corpo está acostumado vai aumentar a energia e melhorar a saúde física e cognitiva, e pode acrescentar anos à sua vida" (McGlothin e Averill 2008, xiii).

A abordagem que proponho – o jejum diário e a nova designação das refeições como "quebras de jejum" – não pretende ser um programa de restrição calórica, embora possa naturalmente se tornar um. Escrevendo como psicólogo, e não como nutricionista ou médico, estou discutindo uma abordagem para comer, mas não lhe dizendo o quanto comer. Estou apenas chamando sua atenção para o fato básico de que a alimentação baseada no tempo é um hábito divorciado da fome e, como tal, é uma maneira de mergulhar em excessos alimentares sem sentido. No entanto, se você semanticamente reformular todas as suas refeições como quebras de jejum, poderá muito bem mudar para uma alimentação à base de fome. Isso pode naturalmente alongar seu tempo de jejum e, assim, ainda naturalmente, conseguir uma redução da ingestão excessiva de comida e de calorias desnecessárias. Como tal, essa abordagem é compatível com as recomendações de jejuns bem curtos da abordagem de restrição calórica.

A pesquisa sobre a restrição calórica baseia-se na ideia de que "quando os nossos antepassados lutavam por longos períodos sem comida, o notável instinto de sobrevivência do organismo entraria em ação e de algum modo retardaria seu envelhecimento" (McGlothin e Averill 2008, 3). A restrição de calorias é um programa de alimentação empiricamente orientado e apoiado por estudos inovadores como os de Clive McKay e Mary Crowell, que "mostrou que a restrição calórica prolongou em muito a vida dos ratos" (McGlothin e Averill 2008, xiv). A restrição calórica não é anorexia disfarçada. A psicologia por trás da anorexia é fundamentalmente diferente daquela que alimenta a abordagem de restrição calórica. A anorexia diz respeito ao autocontrole por meio da alimentação, ao passo que a restrição calórica se relaciona com a saúde e a vitalidade.

Eis a razão por trás do regime de restrição calórica que é referido como "o jejum diário limitado": "O tempo passado longe de alimentos [é] ainda mais valioso do que a restrição de calorias por aumentar beneficamente a química do cérebro... O corpo responde ao estresse do jejum periódico [por] desencadear proteínas protetoras do cérebro e estimular a regeneração das células cerebrais" (McGlothin e Averill 2008, 82-83).

O modelo de restrição calórica (assim como o modelo *oryoki*) é um ótimo exemplo de habilmente reinventar a refeição. É uma atitude total *corpomente* quanto ao ato de comer. Aqueles modelos destinados à restrição específica de calorias também incorporam explicitamente os fatores cefálicos (relacionados ao cérebro) da meditação nesses programas. Esses fatores "cefálicos" são, em essência, a atenção plena e o saber aplicá-la. Eu aprecio essa nuance e o incentivo a explorar a literatura sobre restrição calórica quando fizer compras para seu novo estilo alimentar.

Confie na fome

No que diz respeito ao jejum diário, minha sugestão não é baseada em aspectos técnicos de controle da glicose e ingestão de calorias, por exemplo. Convido você a começar a partir de um lugar muito mais intuitivo: um lugar de fome. Encorajo-o a simplesmente seguir o exemplo da natureza, e, especificamente, de sua própria natureza, não do tempo, que é uma construção feita pela mente do homem. Basear a sua alimentação no tempo é como fazer sexo baseando-se no tempo. Nós ficamos fisiologicamente predispostos – para comer ou para acasalar – quando temos vontade e não quando é hora de ficar com vontade. Claro, nossa fisiologia pode ser condicionada a ser despertada na hora, assim como podemos ser condicionados a salivar com o soar de um sino. A mente é totalmente maleável e sujeita a uma subjugação condicional. No entanto, quero encorajá-lo a romper esse romance entre sua mente e o tempo e reacender a intimidade entre seu corpo e sua mente por meio de uma alimentação consciente e o não comer.

Desenvolvendo as habilidades para reconhecer a fome

Ao chamar todas as refeições de "quebrar o jejum", você estará apenas lembrando a si mesmo do momento fisiológico de comer: terminar um jejum com o objetivo de aliviar a fome. Para aliviar a fome, você tem que ser capaz de reconhecê-la.

Comer com base na fome, e não no horário, pode parecer um mau presságio para a maioria de nós por causa de nossa falta cultural de familiaridade com a fome normal. Tememos o que não conhecemos. Não se preocupe: o jejum diário consciente é o jejum destemido. É um compromisso calmo e relaxado com o fluxo e o refluxo de seu metabolismo, em vez de uma presunção de fome com a alimentação prematura. O corpo sabe do que ele precisa. Ele tem estado nesse negócio de sustentar-se desde a sua primeira respiração. Se ele está com fome e precisa comer, vai deixar você saber disso. Ele vai fazer-se ouvir – se você puder ouvi-lo. O truque consiste em permitir que isso aconteça e não precipitar as coisas ao comer por causa de um horário marcado na agenda. Portanto, a capacidade de reconhecer a fome faz parte integrante de uma alimentação consciente e de um processo de jejum também consciente.

Aprendendo a diferenciar entre fome e desejo

Desejo é um sinal de fome falsa e que imita a fome real. Essas vontades nos levam a comer como se estivéssemos famintos quando na verdade não estamos. A fome é uma necessidade fisiológica com uma assinatura fisiológica, um estado corporal. O desejo, por outro lado, é um estado psicológico, essencialmente um pensamento de desejo e, portanto, um estado da mente. A fome é genérica: você precisa de comida, de qualquer tipo de comida que faça a fome passar. O desejo é específico: você deseja um alimento em particular. A fome depende de sua fisiologia. O desejo depende do contexto situacional. A fome é desencadeada por um estômago vazio. O desejo é acionado pelos comerciais de comida. Então, a alimentação consciente, para ser bem-sucedida, precisa que essas diferenças sejam compreendidas de maneira clara.

Em seu livro *Fasting and Eating for Health*, Joel Fuhrman oferece os seguintes pensamentos intrigantes sobre a fome (1995, 18-19):

A verdadeira fome é uma sensação na boca e no estômago, sentida no mesmo lugar que a pessoa sente sede. Dores no estômago, cólicas, dores de cabeça e fraqueza generalizada por não comer ou por pular uma refeição ou duas são sentidas somente por aqueles que estiveram se alimentando com a dieta padrão dos americanos e com todas as suas deficiências (aqueles que mais precisam de um jejum). Aqueles que têm consumido uma dieta mais saudável, de baixo teor de gordura, de baixa proteína, com mais vegetais e durante meses anteriores ao jejum tipicamente não experimentam tais dores por causa da fome quando jejuam. Sintomas como dores de cabeça e cólicas abdominais, tradicionalmente consideradas como sintomas de fome, não são realmente sintomas de fome... Esses sintomas são sinais de abstinência, que indicam que a cura começa quando o corpo tem a oportunidade de descansar daquela ingestão contínua de alimentos.

Eu certamente posso atestar isso com base na minha própria experiência. Tendo passado por alguns jejuns apenas à base de água, posso dizer com confiança que você não tem nada a temer do jejum, e muito menos de um jejum periódico de duração limitada entre as refeições. Para ajudar a amenizar o seu medo, tente os seguintes exercícios. Eles vão ajudá-lo a se readaptar à fome.

✓ Tente isto: Diga olá para a fome

As possibilidades são de que você nunca teve uma experiência verdadeira de sentir fome por algum tempo. Por isso, em algum momento no futuro não muito distante, aproveite a oportunidade de sentir fome genuína. Não se preocupe: uma vez que sentir fome, você poderá aliviá-la comendo. Se você acha que deve consultar o seu médico sobre a segurança de fazer isso, em seu caso, atrasar uma refeição para experimentar um verdadeiro estado de fome, por favor, vá em frente. E depois, separe um dia (de preferência, um dia de folga) e abstenha-se de comer até ficar com fome. Isso é tudo. Se tiver coragem, vá um pouco mais adiante e permita-se ficar com *muita* fome. Observe a assinatura fisiológica desse momento de fome e diga "olá" para sua urgência motivacional.

✓ Tente isto: Contrastando e comparando

Pratique o exercício de distinguir entre um estado de fome e um desejo. Nos dias que virão, quando tiver vontade de comer, faça uma referência à sua recente experiência da fome genuína (conseguida com base no exercício anterior) e pergunte-se: "A

experiência que estou sentindo agora é de estar com fome?".
Se a experiência não parece ser algo como fome e sim como
desejo, reflita sobre o que o fez sentir esse desejo. Observe a
duração de tempo em relação ao desejo. Quanto tempo vai
durar? Qual é a rapidez com que isso desaparece? Você deve
satisfazer o seu desejo? Apenas certifique-se de fazer uma escolha consciente. De qualquer maneira, pergunte a si mesmo:
"O que aprendi sobre a diferença entre desejo e fome?".

✓ Tente isto: Faça uma quaresma micro

O termo "quaresma" tem suas origens em uma palavra em inglês antigo para "primavera", do verbo anglo-saxão que significa
"alongar". Enquanto a tradição cristã da quaresma é sazonal,
proponho uma celebração diária da ressurreição de seu próprio
corpo, fazendo uma quaresma micro, se você quiser entender
assim para facilitar. Essa não é uma prática espiritual, e não
estou oferecendo nenhum tipo de aconselhamento espiritual.
Minha intenção é apenas emprestar um sopro de inspiração de
uma tradição cultural familiar e um tanto poética. O fato é que,
a cada dia, todos nós ascendemos e despertamos de novo. O antigo filósofo grego Heráclito falou sobre isso com seu aforismo
"Você nunca pode pisar no mesmo rio duas vezes". Isso também
é verdade para o rio do corpo. Todos e cada um de nós fazemos
parte de um fluxo ininterrupto de existência, uma corrente metabólica no fluxo da vida, renovando-nos a cada respiração, a
cada mordida, a cada contato com a realidade.

A quaresma micro que proponho não é um prolongamento
do tempo de inatividade entre as refeições, como quando você faz
de cada refeição uma quebra de jejum. Essa quaresma micro é um
alongamento contemplativo da respiração, em reconhecimento à

agitação metabólica da realidade. Mais especificamente, sempre que você captar um vislumbre de fome, permita-se ficar naquele momento. Permita que o seu fôlego se estique em admiração de sua dependência da realidade. Aqui está você, mais uma vez, lembrado por sua fome dessa sua interconectividade fundamental com o rio da existência. Esse desejo de comer que está sentindo é o desejo de se conectar. É o desejo de emprestar um pouco de força vital da totalidade do que é. É o desejo de se renovar.

Então, não se apresse. Em vez disso, deixe que a sua respiração possa se estender. Comemore esse momento de sua ressurreição nutricional. Ou tente o seguinte pensamento (ligeiramente parafraseado) – uma leitura recomendada para a quarta-feira de cinzas, o primeiro dia da quaresma, pelo fundador da Igreja da Unidade, Charles Fillmore: "Eu nego, pela consciência, os pensamentos antigos e errados, como se estivesse delicadamente varrendo teias de aranha, e afirmo positivamente e sem medo que sou um filho da [Realidade]" (1999, 141). (Fillmore, é claro, disse "um filho de Deus". Eu tomei a liberdade de secularizar esse pensamento.) Então, quando perceber a fome nos dias que estão por vir, limpe as teias de aranha do pensamento com uma longa expiração, varrendo tudo para fora e reconhecendo, sem medo da fome, que você é um filho da Realidade, e que a Realidade não falhou com você ainda. Afirme a sua conexão com tudo o que é durante esse momento fugaz de não comer. Encante-se com essa transmigração de cinzas e poeira: feitos da Terra, nós estamos comendo a Terra, e na Terra nos tornamos – de maneira positiva e sem medo.

Conclusão: O novo jejum

O velho jejum era um empreendimento ascético que se estendia por dias, até mesmo durante semanas. Era uma guerra austera de restrição dietética. O jejum diário que eu proponho aqui é diferente: é simplesmente o tempo de inatividade consciente entre as quebras de jejum e a decisão de comer com base na fome. Essa abordagem é para todo aquele que está interessado em cortar o cordão umbilical com o Pai Tempo e reconectar-se com a Mãe Natureza. O jejum diário consciente não é uma privação de nada, é uma oportunidade para o enriquecimento contemplativo. Praticamente nada é exigido de você. Basta repensar todas as suas refeições a partir deste ponto como atos para romper o jejum e construir a sua alimentação em torno das necessidades do seu corpo, em vez dos hábitos de sua mente. O jejum consciente é apenas o outro lado da alimentação consciente.

Um amuse-bouche para interromper o padrão

Às vezes, ouço as pessoas dizerem que a alimentação consciente é uma coisa chata. Então contraponho com "chato é comer negligentemente; é por isso que temos a tendência de combinar as refeições com o entretenimento da tevê". Não vou abordar esse ângulo nesta seção. Em vez disso, simplesmente quero convidá-lo a desfrutar o tempero da interrupção de padrão. Quero entreter sua mente antes que abra a boca para que você não tenha que confiar em nenhum entretenimento externo enquanto come. O ato de comer consciente é o seu próprio reality show.

— Boca em chamas —

Você pode querer sentar-se depois desta: você está pegando fogo. No sentido metabólico, você é um fogo lento, queimando matéria na incandescência da consciência – literalmente. Ilya Prigogine, químico e Prêmio Nobel, diz que imagina a vida como uma estrutura que se dissipa e que não é muito diferente de uma chama. De fato, uma chama, como a vida, "mantém-se (e pode até mesmo crescer), importando [sua própria alimentação] formas 'úteis' de energia e exportando [excretando], ou dissipando, as formas menos úteis – notadamente, o calor" (Margulis e Sagan 1995, 16). Esse ponto de vista termodinâmico da vida não teria surpreendido Allama Prabhu, um poeta medieval da Índia, que escreveu: "Um fogo ardente é como bocas por todos os lados" (Ramanujan 1973, 165). É um axioma metabólico, tanto para o fogo na madeira quanto para a vela humana: quanto mais rápido você vive, mais rápido você morre. Então, boca em chamas, qual é a pressa? Mal pode esperar para devorar a si mesmo? Pense em abrandar um pouco o seu fogo de comer para ferver metabolicamente de maneira mais razoável. Deixe a luz-piloto de sua presença consciente acesa. Você não é um laboratório de metanfetamina, como sabe.

– Uma grata sepultura viva –

George Bernard Shaw escreveu: "Nós somos as sepulturas vivas de bestas assassinadas e abatidas para satisfazer nossos apetites". Como vê, a comida não é apenas comida, a comida é vida. Nós – carnívoros e vegetarianos igualmente – não comemos comida, comemos vida. Lynn Margulis e Dorion Sagan expressaram isso muito bem (1995, 30):

> O eu biológico incorpora não apenas comida, água e ar – seus requisitos físicos –, mas os fatos, as experiências e as impressões sensoriais, que podem se tornar memórias. Todos os seres vivos, não apenas animais, mas

também plantas e microrganismos, depreendem. Para sobreviver, um ser orgânico deve depreender – deve procurar, ou pelo menos reconhecer, alimentos e evitar o perigo ambiental... Centenas de milhões de anos antes que os seres orgânicos verbalizassem a vida, eles a reconheciam. Discernir o que poderia matá-los, o que eles poderiam comer e com quem poderiam acasalar, mais ou menos nessa ordem, foi crucial para a sobrevivência dos animais... Todos nós temos uma capacidade semelhante com a vida. A vida tem reconhecido a si própria muito antes que qualquer livro de biologia fosse escrito.

O ato de comer consciente diz respeito a reconhecer a vida enquanto comemos. Se você deixar de ver a vida nos alimentos, vai deixar de dizer *olá* a nossas próprias origens, aos nossos próprios ancestrais. Comer de maneira consciente é uma saudação *namaste* de uma forma de vida para outra: a vida em mim reconhece a vida que um dia foi essa comida. Embora os glutões descuidados contem as calorias e transformem as vacas em objetos, ao transformarem-nas em bifes, aqueles que comem de maneira consciente abrem a boca (e a mente) primeiro para saudar a memória da vida que eles estão prestes a consumir antes de abrir a boca para fazê-lo.

– O Eros do comer –

"Uma vez, pensamos, que comer e acasalar eram a mesma coisa", segundo escreveram Lynn Margulis e Dorion Sagan (1995, 139). A meiose, o processo de divisão celular que cria duas células e é a base da reprodução sexuada, era originalmente "um desejo não de se fundir, mas de comer" (139). "Quando protistas da mesma espécie devoravam, mas não digeriam, o outro, eles às vezes fundiam núcleos e cromossomos, um equivalente ao primeiro ato da fertilização ou do acasalamento" (138). Uma célula iria engolir uma célula (de fome) e ao fazê-lo acabaria trocando genes. O sexo, ao que parece, começou como um caso de indigestão. Curioso, não é? Comer e fazer sexo em algum momento eram a mesma coisa. Até os dias de hoje, tanto comer quanto fazer sexo continuam sendo uma troca íntima de informações. Ambos são eventos de inconfundível enredamento, de colisões entre você e o não você, do interior e do exterior. Primeiro, houve a vida; depois, essas formas primitivas de vida ficaram sem comida e começaram a comer uns aos outros, e o fazer sexo nasceu. Pense nisso na próxima vez que comer uma banana ou der uma lambida na colher de iogurte. A oralidade da comida e do sexo falam do segredo de nossas origens. Saboreie a semelhança dessas atividades. Sim, você é a Terra que está comendo a si mesmo. Esse é o Eros do ato de comer. Aproveite.

— A noosfera da comida —

De acordo com Dorion Sagan, o cientista russo-soviético Vladimir Vernadsky "retratou a vida na Terra como uma reação química global, a 'queima verde' (1990, 39). Ele viu a vida em toda a sua nudez mineral, como 'pedra se reorganizando sob o sol'" (40). Vernadsky viu a Terra como um sistema vivo e introduziu o conceito de "matéria viva", unindo o corpo-mente da divisão cartesiana do século XVII com uma frase eloquente de integração. Ele viu a vida na matéria e a matéria na vida. Ponderando (de acordo com Sagan), "O que é um enxame de gafanhotos, do ponto de vista biogeoquímico?" (46), Vernadsky proferiu que é "uma dispersão de pedregulhos, extremamente ativos quimicamente, e encontrados em movimento" (46), ou, como Sagan parafraseou, "um fluxo de ar de rochas" (46). Junto com Pierre Teilhard de Chardin (às vezes, chamado de "teólogo evolutivo"), Vernadsky popularizou o termo "biosfera" (a esfera do *bios*, ou esfera da vida) e "noosfera" (a esfera da inteligência humana), que Vernadsky viu como camadas planetárias (juntamente com a geosfera, a atmosfera e a estratosfera).

Mantendo tudo isso em mente, há duas coisas a destacar. Você já me ouviu expressar isso mais de uma vez: você é Terra comendo Terra. Vernadsky provavelmente teria concordado com esse ponto de vista geoquímico de comer. Na verdade, o que é comida, senão "pedaços de matéria que vieram a ficar separados da Terra e estão se movimentando" (Sagan 1990, 46)? E o que é você, aquele que come, senão "pedaços de matéria que vieram a ficar separados da Terra e estão se movimentando"? O meu segundo ponto de vista é também da mesma natureza vernadskiana: quando você come sem pensar, não é nada a não ser biosfera, apenas uma "pedra se reorganizando sob o sol". Mas quando come com consciência, começa a fazer parte da noosfera, parte da esfera de consciência atenta, em essência, uma parte da mente da Terra. Assim, enquanto a sua boca se move em torno desses "pedaços de matéria que vieram a ficar separados da Terra", deixe a sua mente se juntar à noosfera planetária do consumo consciente.

capítulo 9

Reconsiderando a refeição ahimsa

Um homem não é virtuoso porque não come carne,
nem é menos virtuoso porque faz isso.

— Jiddu Krishnamurti, *Commentaries on Living*

Cada um de nós é um túmulo vivo de destruição e um ventre de criação moribundo. Matamos para comer, mas ao comer também sustentamos todo um microcosmo de vidas invisíveis que habitam nosso corpo e dependem de nós para manter sua existência. Na verdade, cada um de nós não é menos do que um planeta. Cada corpo humano é o lar de "um grande número de [microscópicos] organismos... Maior que o número de pessoas na Terra" (Downer 1991, 171-179). De acordo com William Logan em seu livro *Dirt: The Ecstatic Skin of the Earth*: "Um total de dez por cento do nosso peso não é o que somos, propriamente falando, mas o conjunto de micróbios que se alimentam conosco e de nós" (1995, 55). Assim, comer – talvez mais do que qualquer outro ato que nos possibilita viver – é um paradoxo que nos leva a tirar a vida ao mesmo tempo que damos vida, e, como tal, é um potencial nó górdio da ética.

Os praticantes do jainismo – uma antiga filosofia indiana de vida que antecede o budismo – compreenderam as complexidades éticas que existem no ato de comer. Os jainistas foram os primeiros a formular a doutrina de *ahimsa* (um termo sânscrito para "não violência" e, portanto, um mandamento pré-cristão equivalente ao "Não matarás") e a aplicá-la ao ato de comer. De acordo com essa doutrina, todas as almas, que os jainistas equiparam com a consciência, são as mesmas e "as diferenças entre as almas são devido ao grau de sua ligação com a matéria" (Radhakrishnan e Moore 1973, 250). Com base nessa posição de igualdade das almas, os jainistas exortaram os seres humanos a terem compaixão para com todas as formas de vida.

Este capítulo fala sobre reconsiderar esse nobre ideal da "não violência absoluta" e compreender a essência da *ahimsa*, em vez de sua forma vegetariana ou vegan. O problema com os ideais nobres é que eles são fundamentalmente inatingíveis e tendem a desumanizar o que é humano. Portanto, este capítulo irá explorar a moderação consciente, incluindo a moderação da compaixão.

Extremos de ahimsa, extremos de compaixão

Mahatma Gandhi escreveu certa vez: "Devo reduzir-me a zero. Enquanto um homem não se considera espontaneamente o último, não há salvação para ele. A *ahimsa* é o limite mais distante da humildade" (Gandhi 1999, 420). Na minha humilde opinião, Gandhi está errado nesse ponto. Em primeiro lugar, não somos zeros, então por que devemos reduzir-nos a zeros? A *ahimsa*, como eu a entendo, trata da igualdade das almas, não da negação do *eu*. Em segundo lugar, porque não somos zeros (nós existimos, não é?), não podemos reduzir-nos a zeros. Terceiro: a não violência absoluta na equação da existência é simplesmente impossível.

Viver é matar até o último suspiro. Brinque com as seguintes meditações experienciais para apreciar o que quero dizer.

✓ Tente isto: Dê uma mordida na soma zero

Você é um microcosmo de vida, literalmente a casa de milhões e milhões de criaturas microscópicas. Mesmo apenas a sua boca é uma metrópole minúscula em constante agitação. Em seu livro *Lifesense*, John Downer escreveu que toda vez que comemos, a população bacteriana da boca "experimenta um colapso catastrófico quando [bactérias] são esmagadas por torrentes de alimentos e saliva" (1991, 168). Então, vá buscar um único pedaço de alguma coisa e depois o coma. Ao mesmo tempo que vai aniquilar incontáveis micróbios em sua boca, aproveite para refletir sobre a inevitabilidade desse arranjo de soma zero. Pelo resto de sua vida – seja você vegetariano, vegan, alguém que só coma comida produzida em sua localidade ou um onívoro – cada uma de suas refeições será um ato de "bactericídio". É básico: você tem que comer para viver, mas a mecânica de mascar acaba com uma "micrópolis" inteira cheia de aspirações. Você pode dar de ombros, exclamando: "Você está brincando comigo! São apenas bactérias estúpidas e pequenas; quem liga pra isso?". Mas essa não é a mesma arrogância muito humana contra a qual protestamos quando ouvimos pessoas que maltratam os animais defender seus atos, dizendo aquele absurdo cartesiano do século XVII de que os bichos são apenas autômatos biológicos que não sentem ou sofrem? Entenda que não há santos entre os seres vivos: para viver é preciso matar, não importa o que você come, porque o próprio ato de comer é inerentemente um ato de violência, mesmo que apenas em um nível microscópico. A *ahimsa* não diferencia entre as almas e as mentes com base na sua complexidade física. O ponto de vista da *ahimsa* é que tudo o que é vivo – não importa quão grande ou pequeno, não importa o quão complexo ou primitivo – é digno de consideração.

✓ Tente isto: Cause estragos com bochechos

Alguns bochechos garantem a morte de uma legião de bactérias na boca. Um grande número de antissépticos bucais proclama esse fato abertamente e não mede as palavras quando diz que pode matar os germes que causam a placa bacteriana, a doença periodontal e outras condições insalubres. Então é isso, a batalha evolutiva para a sobrevivência e a inevitável soma zero da existência: se você não matar esses germes, eles vão causar danos a você. A decisão é ou sobre o bem-estar deles, ou sobre a saúde de seus dentes, suas condições cardiovasculares e seu relacionamento. São eles ou você. Então, faça alguns bochechos e medite sobre a inevitabilidade do dano que está causando. Gostaria de saber se Gandhi teria se oposto aos bochechos. O que você acha?

✓ Tente isto: Salve um dente de alho, mate um dente de alho

Um tempo atrás, enquanto descascava uma cabeça de alho, notei que os dentes começavam a brotar. Pequenos brotos verdes estavam querendo se desligar de suas cascas brancas. Abri vários deles e os enfiei num vaso com terra. Dois dias mais tarde, lâminas verdes de cinco centímetros de altura brotavam orgulhosamente da terra. Não tendo o que se chama de "mão para a terra", fiquei emocionado e surpreso. "O alho é também uma forma de vida", pensei. "Cada dente está vivo, ansiando por seu momento sob o sol e inteiramente à minha mercê quanto ao seu futuro." Não se engane, não existe tal coisa como comer de maneira inocente. Para vivenciar por si mesmo o que acabo de contar, pegue uma cabeça de alho e salve um dos dentes, plantando-o, enquanto mata seu irmão ao fritá-lo. Contemple a arbitrariedade inevitável de sua escolha: depende inteiramente de sua escolha, deus humano, qual das formas do alho viverá e qual morrerá. E lembre-se, não há necessidade de culpa aqui. Afinal de contas, se esse dente de alho tivesse que comer você para assegurar a sua sobrevivência, ele certamente o faria.

Dano zero é impossível

Entre suas muitas realizações políticas notáveis, Gandhi ficou conhecido por usar o jejum como uma forma de protesto político. A ideia do protesto por meio do jejum remonta à tradição Jain do *santhara*, um ritual de jejum voluntário que prossegue até a própria morte. O voto de *santhara* se distingue do suicídio porque o jejum que causa a própria morte não é uma fuga da angústia, mas uma meditação aberta sobre o fim da vida e, no jainismo, é uma purificação do *carma* negativo. Com todo o respeito a ambos, a Gandhi e à venerável tradição do jainismo, vejo uma incoerência gritante entre o jejum e os princípios da *ahimsa*. Lembre-se de que você é um microcosmo vivo, um lar para inúmeras criaturas microscópicas – bactérias, fungos, parasitas, e muito mais, sem falar de suas próprias células. Na verdade, todas e cada uma de suas células têm o seu próprio apetite, o seu próprio metabolismo – e, portanto, sua própria agenda existencial. Toda essa existência microbiana coletiva e celular depende de você. Todas essas vidas microscópicas e celulares inocentes dentro de seu corpo vão cair junto se você cortar o seu próprio fornecimento de alimento.

Como já disse, a vida é um jogo de soma zero. Não somos capazes de evitar a violência, só podemos minimizá--la. O resumo da história é que não podemos de fato nos reduzir a zero, mesmo que tentássemos. A própria decisão de reduzir-se a um zero metabólico (por exemplo, pela fome) de imediato, e de forma unilateral, substitui as aspirações existenciais de legiões de vida microscópicas que dependem de nós para seu sustento. A não violência absoluta é um mito. Dado que somos criaturas compostas, qualquer decisão de reduzir-nos a zero – seja por razões espirituais, seja por motivos políticos ou psicológicos – segura o resto da comunidade como refém do nosso idealismo.

Assim, há uma hipocrisia inerente ao justificar a redução pessoal de Gandhi a zero em razão da *ahimsa*. Dorion Sagan e Lynn Margulis cristalizam isso muito bem: "Se estivéssemos falando verdadeiramente a sério sobre como salvar todos os outros organismos, deveríamos então seguir os princípios jainistas e... cirurgicamente implantar cloroplastos na nossa pele para podermos começar a fazer a fotossíntese e, assim, não arrancar a alface ou a cenoura do chão. Nós certamente não iríamos liberar cavalheirescamente os nossos resíduos sólidos que servem como um terreno fértil para *E. coli* e outras bactérias do intestino. Esse *reductio ad absurdum* mostra o elemento hipócrita implícito na retórica da salvação ecológica" (1993, 358). Eles estão certos: arrancar uma cenoura para o consumo humano é uma forma de violência, assim como é apertar a descarga e dizimar as colônias bacterianas que fazem a sua casa em nossa matéria fecal. Mas como Gandhi, Sagan e Margulis, também tomaram outra direção. Em sua essência, *ahimsa* realmente não diz respeito a evitar todo o mal (o que é tecnicamente impossível), mas à redução de danos.

✓ Tente isto: Coma para dar vida

Coma um morango, e, ao fazê-lo, contemple esta ideia: ao comer um morango, você está negando às sementes dele a chance de germinar, florescer e expressar totalmente sua essência. E enquanto come esse morango, você também está aniquilando inúmeras bactérias que fizeram de sua boca seu lar desde a sua última ingestão de alimentos. E, mais importante, ao comer o morango estará alimentando inumeráveis vidas invisíveis que residem dentro de seu corpo. Tente realmente apreciar essa peça frequentemente ignorada do quebra-cabeça de nossa alimentação: o fato de comer dá vida – e não apenas para você (no seu entendimento humano de si mesmo), mas a todos os seus parceiros biológicos no projeto do seu corpo. Entenda que isso é verdade, independentemente do que vá comer. Se você é um vegan estrito ou um onívoro indiscriminado, quer coma uma cenoura, quer um bife, cada ato de comer alimenta um universo de vida invisível. Medite sobre esta inevitável dialética: comer é tirar a vida e dar a vida.

Refeição ahimsa – reconsiderações

Ahimsa não é uma filosofia de não agressão. Não existe tal coisa como um almoço grátis, ou mesmo uma respiração grátis. Se você está vivendo, está consumindo outra vida. Se você está vivendo, está causando danos. *Ahimsa* é uma filosofia de redução de danos que visa minimizar a sua pegada ecológica a um mínimo de compaixão.

Jainistas argumentam que para comer é preciso tirar a vida, ou seja, matar, e, portanto, inicia-se uma cadeia de vingança cósmica. Ao formular sua postura de vida, eles desenharam uma linha arbitrária de divisão; olharam em volta e decidiram não comer qualquer coisa que se parecesse com eles, ou, mais precisamente, que olhasse para eles. Os jainistas, basicamente, decidiram não comer aquilo com que pudessem se identificar, nem matar animais ou insetos com o fim de comê-los, e se tornaram vegetarianos ou vegans. Eles concluíram que se uma espiga de milho não grita de dor quando está sendo cortada ou arrancada do chão, então não deve doer e, portanto, do ponto de vista do carma, não deve ser tão ruim assim que seja consumida. Isso faz um sentido intuitivo. A compaixão é baseada na identificação. Se você não pode se identificar com alguma coisa, é mais fácil cometer violência contra ela. Mas se consegue se identificar com alguma coisa, se consegue se relacionar com ela em algum nível, é mais difícil matá-la sem pensar. A questão de fundo é que os jainistas optaram pelo ato de não comer criaturas vivas tanto por compaixão quanto pela tentativa de minimizar sua própria pegada moral e cármica.

Naturalmente, o estilo de vida *ahimsa* passou a ser sinônimo de vegetarianismo e veganismo, e, portanto, aquilo que você come e não come. Mas o que comer ou não é *ahimsa* apenas na forma, não na essência. No meu entendimento, a essência de uma alimentação ao estilo *ahimsa* é sobre *como* você come, não *o que* você come. Se você comer sem pensar, vai exagerar, não importa o alimento. Se exagerar, extrapola. Quer essa alimentação exagerada mate mais vacas do que o necessário, quer derrube mais campos de trigo do que o necessário, isso continua sendo consumo desnecessário e, portanto, um dano desnecessário. O comer consciente, por outro lado, permite-lhe restringir o consumo excessivo e, assim, reduzir a sua pegada de soma zero a um mínimo funcional.

Então, meu ponto de vista é este: o estilo de comer *ahimsa* não diz respeito a evitar consumir proteína animal, mas a reduzir conscientemente a sua pegada metabólica para uma coexistência de compaixão mínima. Você não tem que ser vegetariano ou vegan para comer seguindo o espírito de compaixão *ahimsa*, só precisa estar sempre atento. Onde quer que haja consciência, tende a habitar também a compaixão.

O comedor de mel é pior do que um açougueiro?

De acordo com Padmanabh S. Jaini, professor emérito de budismo, jainismo e hinduísmo na Universidade da Califórnia, em Berkeley, os jainistas não são necessariamente e estritamente vegans. Na verdade, eles preferem comer um bife a uma colher de mel, como indicado por um verso do *Yogasastra*, um texto do século XII do autor jainista Hemachandra: "Aquele que come mel, que é fabricado pela destruição de dezenas de milhares de seres minúsculos, é pior do que um açougueiro, que só mata um único animal de cada vez" (como citado em Moussaieff Masson 2009, 27).

Mas espere um pouco... O sujeito que come mel é realmente pior do que um açougueiro? A aritmética jainista parece um pouco fora de ordem aqui. Se todas as almas são, de acordo com *ahimsa*, iguais, então uma única vaca não é um microcosmo muito maior de vidas microscópicas e de almas do que uma colmeia média? Parece que sim. Mas mesmo que Hemachandra estivesse enganado nesse cálculo de alma, em última análise, não é esse o ponto. O ponto é que comer ao estilo *ahimsa* não é uma dieta que dita o que você deve e não deve comer. Comer ao estilo *ahimsa* é simplesmente uma tentativa de reduzir os danos ao comer com compaixão e consideração por outras vidas, por mais insignificante que elas possam parecer. *Ahimsa* é a compaixão pragmática, não a compaixão justa.

Comer demais é exagerar e, portanto, para ultrapassar o relvado da vida você de fato não precisa sair voando e conquistar, e então se envolver em violência desnecessária. Você não tem que ser um vegetariano ou vegan para comer com compaixão, só precisa estar atento. Com isso em mente, podemos dizer que a moderação é a compaixão. Moderação é o "como" de comer, não o "quê" comer. E é esse "como" – o como da moderação e da alimentação consciente – que minimiza os excessos sem sentido e, portanto, os danos desnecessários.

O comer carne compassivo e o veganismo violento

Os vegetarianos e os onívoros sofrem de uma evangelização egocêntrica. Cada campo tem seu próprio proselitismo antagônico e manifesto. Essa é uma condição humana em geral. Nós todos gostamos de promover os nossos próprios valores. Mas antes de fazer isso, é preciso dar pelo menos um breve olhar no espelho. Nenhum de nós tem uma perna moral para se sustentar. Toda vida é igual. Esse é um dos conceitos fundamentais da doutrina *ahimsa*. Da mesma maneira, matar é matar. Pois tirar uma vida – seja de uma pessoa, seja de um cachorro, uma vaca, uma folha de grama ou uma bactéria – é brincar de Deus. É um jogo horrível, mas se quisermos existir, temos que jogá-lo. Mas uma vez que temos de jogar esse jogo de soma zero, vamos tentar apreciá-lo, e de modo responsável e sem culpa. Não há imperativo moral ou ético (pelo menos nenhum que faça sentido para mim) que possa exigir que a gente se reduza a zero. Também não é possível eliminar completamente a nossa pegada metabólica. A meu ver, é eticamente suficiente sermos capazes de reduzir conscientemente os danos desnecessários a um mínimo de compaixão.

Não existe suporte moral, nem comer sem fazer mal, nem viver sem causar danos colaterais. Até mesmo os mais rigorosos ascetas jainistas têm que matar para viver. Lave as mãos e você está cometendo bactericídio. Bata os cílios e matará tropas de ácaros minúsculos que ali fizeram residência. Dirija em uma estrada e seu para-brisa torna-se uma frente de batalha. Viver é matar, e comer não é exceção. Para comer é preciso matar, independentemente do que estiver comendo. Não podemos evitar a violência, só podemos minimizá-la. Claro, podemos refletir sobre questões como "Quem causa mais perda de vidas ou mais destruição dietética: quem come carne moderadamente ou um vegan que come demais?". A matemática que aponta o dedo para esse tipo de questão parece irrelevante para mim. O que importa é tentarmos reparar os danos desnecessários desses excessos sem sentido. E nós podemos... Acordando para isso.

✓ Tente isto: Abrace um onívoro

Se você é um vegan ou um vegetariano, procure um onívoro que conheça e o abrace, ou, se for uma pessoa particularmente sensível ao toque, apenas dê um aperto de mão. O objetivo é deixar de lado qualquer sensação de superioridade ética sobre os onívoros. Não há santos entre nós, glutões. Seja qual for o gesto que venha a fazer, garanta que o faça sem condescendência. E quando abraçar o outro ou cumprimentá-lo, preste uma homenagem mental a todas as vidas que apagamos com esse atrito benigno entre nossos corpos. A menos que você resida em uma câmara de vácuo, a cada passo que dá, a cada respiração que faz, a cada mão que cumprimenta, a cada quilômetro que dirige, e a cada mordida que dá na comida, você deixa um rastro interminável de destruição microscópica. Então, ao abraçar um onívoro, veja nele um companheiro – e não um inimigo, mas um aliado nesta existência.

✓ Tente isto: Torne-se um "OM"nívoro

Quer seja você alguém que come carne, quer se trate de um vegetariano ou de um vegan, coloque um pouco de *om* em sua alimentação. Faça uma homenagem à vida que consome. Não há necessidade de se sentir culpado. A culpa e a compaixão são tão diferentes um do outro como sapatos de salto agulha e um refrigerador. Basta dedicar um momento de reflexão para o reconhecimento, talvez algo como: "Isto não é simplesmente um prato de comida, mas algo que costumava existir como um ser vivo". Ou, como no caso daquele alho que estava germinando ou de outras comidas "vivas" similares: "Este ainda está vivo. Eu não vou apenas comer, estou consumindo uma vida". Tente fazer isso e veja o que muda. Tente pensar em si mesmo não apenas com relação ao *que* você come, mas em *como* você come. Vá um pouco além do tipo de consciência para saborear a atenção plena da vida que você consome. Diga um *namaste* para a batata em sua tigela. Deixe a vida em você reconhecer a vida no alimento que você come.

Refeição ahimsa reformulada

A refeição da velha escola *ahimsa* é essencialmente sinônimo de comer compassivo, o veganismo e o vegetarianismo. Mas a nova refeição *ahimsa* – como me atrevo a postular – significa comer de maneira consciente, com compaixão e moderação, independentemente da sua escolha de alimentos. Os excessos inconscientes cobram danos desnecessários, enquanto conscientemente comer com moderação reduz danos desnecessários. Entendida como tal, a refeição ao estilo *ahimsa* não corresponde necessariamente ao vegetarianismo ou ao veganismo.

Conclusão: O dilema do heterotrofismo

Há aqueles que produzem energia e aqueles que a consomem. As plantas são produtoras de energia. São organismos conhecidos como autótrofos, porque são nutricionalmente autônomos, necessitando apenas de luz solar, ar, água e minerais. Como têm a capacidade de produzir seu próprio alimento, as plantas não precisam matar para viver (com a rara exceção das plantas carnívoras). E depois há o resto de nós. Animais de qualquer espécie – mamíferos, aves, insetos, peixes, e nós, seres humanos – consomem outros seres vivos, somos heterótrofos (*hetero* significando "outro"). Este é o nosso inferno existencial: para viver, temos de matar, e não há nenhuma maneira de evitar isso (pelo menos ainda não).

Essa dinâmica é muito natural para ser uma questão de ética. A natureza está além da ética. Em última análise, eu vejo esse comer heterotrófico não como uma questão de ética, mas como uma situação existencial: estamos presos em um ciclo de propagação da morte. Mas – e isso vai soar como ficção científica – nós não temos que ficar nesse circuito de inferno existencial. Podemos evoluir. Em nossas obscuras origens distantes, compartilhamos uma linhagem com as plantas. Isso abre a porta para a possibilidade de que podemos, pelo menos em teoria, também aprender a produzir energia. Podemos aprender (ou reaprender) como fazer a fotossíntese. Eu vou voltar a isso em um capítulo posterior. Enquanto isso, vou deixá-lo com um chamado para a *ahimsa* – não com um apelo à não violência (por enquanto, isso só é possível para as plantas, não para os animais) –, mas com um pedido de redução de danos. Mate apenas aquilo que você precisar, e faça-o com compaixão e gratidão, quer consuma carne, quer sendo um herbívoro. Deixe-me encerrar este capítulo do jeito que comecei. Com as palavras de Jiddu Krishnamurti: "Uma pessoa não é virtuosa porque não come carne, nem é menos virtuosa porque come" (1977, 166). Uma pessoa é virtuosa porque está consciente dos outros. E onde quer que haja consciência dos outros, tende a habitar a compaixão.

Um amuse-bouche para interromper o padrão

No xadrez, o cérebro faz uma dúzia de movimentos enquanto o corpo fica imóvel. É a mesma coisa com o jogo da alimentação consciente: mova sua mente antes de ligar a chave de ignição de um transe " mão à boca". Mude o movimento inicial do jogo para alterar o fim do jogo de comer. Abra a sua refeição com um momento de interrupção de padrão contemplativo.

— Boca de Furacão —

Nas palavras do físico Fritjof Capra: "Um sistema vivo [em outras palavras, você] é ao mesmo tempo aberto e fechado; é estruturalmente aberto, mas organizacionalmente fechado. A matéria flui continuamente ao longo dele, mas o sistema se mantém em uma forma estável... por meio da auto-organização" (1997, 169). Isso é semelhante ao conceito de estruturas dissipativas de Ilya Prigogine. Como sistema vivo, você ingere a matéria do meio ambiente e a dissipa, ou dispersa, de volta a serviço de sua automanutenção. Você pode fazer isso principalmente por intermédio da alimentação. "Dissipação" é, na verdade, um nome bastante "diplomático" para esse processo. Você importa a ordem e a estrutura, e vai exportar a desordem (entra uma forma de vida, como um frango ou uma cenoura, e sai na forma de resíduos). O ato de comer destrói as estruturas de outros sistemas vivos, a fim de manter a estrutura do destruidor. Essa metamorfose de autosserviço de ordem em desordem é o processo essencial da vida. A vida mantém sua própria estrutura ao desconstruir o ambiente em que vive. Este é o paradoxo Shiva de comer: a vida destrói a vida para criar a vida.

Em certo sentido, você é exatamente como o vórtice de um furacão, como Capra ressalta: "As estruturas dissipativas formadas por redemoinhos ou furacões podem manter a sua estabilidade apenas enquanto não há um fluxo constante de matéria do meio ambiente por meio da estrutura. Da mesma maneira, uma estrutura dissipativa viva, como um organismo, necessita de um fluxo contínuo de ar, água e comida do meio ambiente fornecido pelo sistema, a fim de permanecer vivo" (1997, 172). Então, você tem isso: sua boca é o funil de um furacão metabólico. Antes de transformar outro prato de comida em um vórtice de destruição, refaça mentalmente seus passos dissipativos. Mesmo que por apenas um momento, reflita sobre as montanhas de estruturas vivas e minerais que você movimentou – com a sua boca, em você, ao longo do seu corpo, e fora de você. Procure se maravilhar com a enorme quantidade de energia necessária para extrair a energia de que você precisa para mantê-lo em sua fúria de catabolismo (consumo de energia). Você é uma usina móvel em si mesmo – um furacão consciente! Um antigo *koan* zen vem à mente: Será que um cão tem a natureza de Buda? Em outras palavras, um cão pode despertar e tornar-se iluminado? Um furacão pode fazer isso? Você pode?

– A balística da comida –

As plantas são anabólicas (quanto à produção de energia) durante o dia e catabólicas (consomem energia) à noite. Os animais são catabólicos em tempo integral. Ao contrário das plantas, os animais não produzem energia, nós apenas a consumimos. A palavra "catabolismo", que significa "o metabolismo destrutivo", vem da palavra grega *katabole*, que significa "construir para baixo", tendo as suas raízes, por sua vez, em *kata* (baixo) e *ballein* (lançar). Quando você considera que a palavra "balística" refere-se à arte, à ciência e ao esporte de lançar as coisas, você pode ver que o catabolismo é o esporte moderno de comer. Nós jogamos um futebol irracional metabólico e voltamos a repetir os nossos erros e excessos *ad nauseam*, muitas vezes por meio de um replay instantâneo. Culturalmente, transformamos qualquer pretexto para a celebração em uma festa do Super Bowl do catabolismo, com a nossa goela como a zona do gol.

É hora de considerar um novo esporte nacional, um esporte de plena consciência, de testemunho, de contentamento e presença. Você já deve ter visto as pessoas nas festas lançando um grão de pipoca no ar e pegando depois com a boca? Bem, não é para isso que a boca serve. Não é uma luva de apanhador de beisebol ou de goleiro. Sua boca é mais parecida com o buraco de uma agulha; você precisa enfiar cuidadosamente nela o seu sustento. Antes de sua próxima refeição, dedique alguns minutos para aproveitar o momento. Sinta o psicoanabolismo da atenção plena. Note a energia vital já disponível simplesmente no ar que flui de seus pulmões. Respire fundo e crie um precedente de energizar-se sem ter de lançar qualquer coisa pela sua garganta.

— Você, o comedor de ontem, será a comida amanhã —

O clássico celta *Book of Taliesin* inclui um poema supostamente criado pelo bardo do século VI chamado Taliesin, contando a história de suas vidas passadas (como citado em Wood 2000, 86-87):

> A segunda vez em que eu fui criado, eu era um salmão azul. Fui um cão, fui um cervo, um cabrito-montês na encosta da montanha, eu fui um tesouro, fui uma pá, fui um chifre de servir bebida, fui um par de pinças para cuidar do fogo por um ano e um dia, fui um galo branco de penas manchadas entre as galinhas de Eiden, fui um garanhão, um touro feroz, fui os grãos crescendo na encosta... A galinha, a minha inimiga, de crista alta e garras vermelhas, me engoliu. Durante nove noites, fui uma pequena criatura em seu ventre; fiquei amadurecendo lá. Fui cerveja antes de ser um príncipe. Eu estava morto, eu estava vivo.

De certa maneira, não é essa a história de todos os nossos ontens e amanhãs? Ontem você era um comedor de alimentos. Hoje — se tudo der certo — você ainda será um comedor de alimentos. Mas em um desses amanhãs, você será a própria comida. Pondere essa sua viagem, matéria viva.

— De comer vidros para comer espelhos —

Terry Cole, o dublê londrino, detém mais de 150 recordes no *Guinness World Records*. E também come vidro. "Bem", contou ele a um jornalista em uma entrevista, "eu como lâmpadas. É... Quero dizer, eu como vidro, mas não regularmente. Mas se tiver que fazer esse trabalho, então eu faço" (Lawrie 1998, 243). Bem, então, estou aliviado. Estou contente por Terry não comer vidro todos os dias, mas apenas quando o trabalho aparece. Comer vidros — comer em geral — dá trabalho. Não tanto para as mandíbulas (Terry mói o vidro antes) ou para o estômago (que, no caso de Terry, deve ser feito de ferro), mas para a mente. Eu gosto de gente como Terry — não porque eles comem vidro, mas porque é preciso ter uma mente poderosa para fazer alguma coisa assim. O comer consciente é mais ou menos a mesma coisa: seria como comer espelhos. É um comer reflexivo que mostra você.

— Destruição criativa da alimentação —

Nas palavras de Lynn Margulis e Dorion Sagan: "A fotossíntese armazenou a energia solar em rochas como reservas de querogênio, petróleo, gás, ferro, sulfeto, carvão e outras substâncias. As espécies pródigas do planeta [*Homo sapiens*, quer dizer] agora gastam essas reservas... Nossa destruição criativa se acelera" (1995, 242). Assim como o conceito da divindade indiana Shiva, a fonte de destruição criativa, nós transformamos o planeta em um milk shake de paisagens e alimentos processados. Claro, você pode se ocupar ponderando questões como "Quantas calorias há nessa comida?". Ou pode se fazer um tipo diferente de pergunta, uma questão de responsabilidade, tal como "Será que a minha alimentação é sustentável? Do jeito que eu como, pode ser uma forma de sustento regenerativo ou não passa de um escoadouro de recursos do planeta? O que estou criando com essa destruição criativa do meu ato de comer? Ao comer a Terra, que tipo de Terra estou me tornando – uma Terra de insensatez ou de atenção plena, uma Terra de presença ou apenas mais outra camada geológica?".

– Abra bem a boca e a mente –

A natureza é, talvez, a roda da vida definitiva. Em *The Celtic Book of Living and Dying*, Juliette Wood escreveu: "A natureza tanto dá como tira a vida, e esses dois aspectos opostos são completamente interdependentes: nada pode prosperar ou ser curado sem destruição" (2000, 26). Comer é destruição (dos corpos dos animais e dos vegetais). Comer é também construção (de corpos vegetais e animais). Adicione o primeiro ao segundo e procure tentar engolir a seguinte contradição sem engasgar-se na lógica dualista: a destruição é a construção. Abra a mente muito mais do que a boca para acomodar o paradoxo de comer.

capítulo 10

Reconciliando a refeição social com a alimentação consciente

Escutar de verdade o outro é um prato principal da refeição íntima da família.

— Donald Altman, *Art of the Inner Meal*

O comer consciente é uma tarefa bastante pessoal. Trata-se de uma autossincronização. Como tal, a alimentação consciente é melhor quando servida sozinha. No entanto, somos criaturas sociais. Nós gostamos de nos conectar uns com os outros, especialmente por meio de uma refeição. Este capítulo fala sobre como conciliar a alimentação consciente com a alimentação social, misturando os dois em um comer consciente social.

A refeição social é baseada no tempo, não na fome

Embora vários dos seres humanos possam, mais ou menos, coordenar as suas mentes em uma reunião ou em uma conversa em determinado momento, muitas vezes não podemos coordenar a fisiologia da nossa prontidão metabólica. Não podemos sincronizar os nossos estômagos. Portanto, o grande problema da alimentação social é que ela requer que você coma quando não está pronto para comer ou com muita fome, porque estava esperando os outros ficarem com fome suficiente para fazer os pedidos. Qualquer dessas situações aumenta a sua chance de comer demais. Uma vez que a refeição social envolve uma coordenação baseada no tempo e é inevitável, não há como escapar de uma refeição que é baseada no horário e não na fome.

A refeição social é um processo de pensamento grupal

Os desafios desse ato de comer social não estão apenas limitados ao seu início com base no tempo. Qualquer reunião desse tipo de pessoas atua basicamente como os aros de uma mesma roda do apetite. Essa roda grupal começa a rolar com todos juntos e para de rolar com todos juntos, como se fossem um só. Eu peço um aperitivo, você pede um aperitivo. Você pede uma sobremesa, eu peço uma sobremesa. Pessoas que comem juntas comem demais juntas. O comer social é uma espécie de pensamento grupal na hora de se alimentar: é uma sintonia social ao custo de fazer com que você perca o contato consigo mesmo. Esse tipo de entrelaçamento, ou da coordenação da atividade inconsciente, faz parte da natureza humana. Somos animais de carga. Damos as dicas e as pistas um para o outro. Temos os neurônios-espelho, aqueles que ligam esse tipo de situação comportamental "macaco vê, macaco quer comer". Você boceja, eu bocejo. Pego um cookie, você chega e pega um cookie. Isso não é nem bom nem mau. É apenas outra sugestão de comer em excesso que seria bom observar.

Comer socialmente distrai

A menos que seja uma cerimônia de grupo *oryoki*, um evento típico do comer social é principalmente uma reunião de pessoas e só secundariamente uma refeição. Quando partilhamos a mesa, a comida tende a ir para o banco de trás e deixar seu assento para a conversa. Vou ser franco: a companhia para comer é uma distração. Quanto maior for o grupo, mais difícil é manter o foco na refeição. Portanto, o comer social é quase sempre um comer irracional. A mente se torna simplesmente dividida demais para ser capaz de dedicar atenção à alimentação.

No entanto, o comer irracional tende a ser insatisfatório, principalmente se você saiu para comer em algum lugar especial. Enquanto fica se enchendo das calorias sociais do momento, em algum nível sua mente anseia por uma experiência de comer de qualidade. Então, quando a conversa murcha ou o prato principal chega ao fim, não é incomum sentir-se psicologicamente insatisfeito, mesmo que se sinta fisiologicamente e socialmente estufado. O remédio da velha escola é muito simples para ser eficaz. Peça a sobremesa. Embora essa sobremesa desperte rapidamente a mente de grupo, reorientando-a ao sabor, isso não dura. Normalmente, a experiência sensorial desaparece rapidamente e a sobremesa é finalizada no piloto automático. Em suma, a socialização é distração e distração é a inimiga da atenção, que é, naturalmente, algo necessário para a alimentação consciente.

A refeição social é uma refeição emocional

Só porque as pessoas se sentam voluntariamente para comer juntas, isso não significa que elas irão desfrutar da companhia uma das outras. Não é incomum a conversa se dispersar ou se tornar intensamente hostil. Como você tem comida à sua frente, é natural lidar com isso comendo... Mas esse fato tende a acontecer de modo quase inconsciente e automático. Antes que você perceba, já se afastou da conversa e escondeu-se atrás da barricada da comida.

Mas o comer social não precisa ficar horrível para levar ao comer emocional. A conversa pode ser realmente muito agradável e estimulante. No entanto, esse bom estresse também pode desencadear o comer emocional. Talvez você esteja ficando muito animado, assim pode começar a acalmar-se se enchendo de comida. Ou talvez você esteja ansioso para falar e cansado de alguém monopolizar a conversa, então passivamente começa a agredir a comida no prato. Ou talvez, como é frequentemente o caso, você não esteja nem estressado nem animado com a conversa, apenas entediado... Preso à mesa, encontra algum estímulo na comida. Independentemente do sabor emocional do encontro, o contexto social carrega a mente de emoção. E uma mente emocionalmente sequestrada e com a comida na sua frente é uma bomba-relógio de excessos.

Do comer social irracional para o comer social consciente

Então, o comer social é um comportamento baseado em horários (e não na fome), nos distrai, é um gatilho potencial para desencadear o comer emocional e quase sempre age sob a influência do pensamento de grupo, com base no tempo. E ainda assim é o ideal cultural de se passar um tempo agradável com a família e os amigos. O que podemos fazer? Nós temos que mudar o paradigma do comer social irracional para uma atitude de redução de danos por meio de uma alimentação social baseada na atenção plena. Aqui estão algumas ideias que você pode tentar para mudar a atenção e a intenção durante contextos sociais.

✓ Tente isto: Mude o foco de um banquete para uma festa

Todas as culturas do mundo celebram as datas com comida. As festividades tornaram-se sinônimo de grandes banquetes. Aqui está uma nova atitude para tentar na refeição: faça uma festa sem ter um banquete. A palavra *"festa"* se origina do latim *festus*, que significa "regozijo, descanso". A essência de um feriado é a celebração, e comer é apenas um caminho para se alegrar. Experimente curtir um único feriado de uma maneira que não esteja centrada na comida, de um modo que possa ser alegre e celebrativo, mas não guloso. Comece de um jeito simples. Se um evento onde se come muito for uma tradição de longa data (por exemplo, o dia de Natal), não mexa com isso, pelo menos por enquanto. Experimente tentar essa mentalidade de não se empanturrar num festejo em uma ocasião mais pessoal, quando você tiver a prerrogativa de escolher o formato da celebração. Festeje com ou sem comida. Por exemplo, em vez de ir a um restaurante para comemorar seu aniversário, desfrute de um piquenique. Além de comer, você pode comungar com a natureza e talvez jogar um Frisbee. Desse modo, você vai ter uma festa que envolve alguma coisa para comer sem se focar principalmente na comida.

✓ Tente isto: Mude o foco do comer social para o saborear social

Socializar para saborear. Faça da comida um tema de conversa. Mostre curiosidade sobre a experiência dos outros e demonstre interesse na comida que está à sua frente. Se você estiver comendo alimentos diferentes, ofereça aos outros um bocado e pergunte a eles sua opinião. Assuma um papel de líder de torcida do comportamento de comer conscientemente. Com muito tato, mas persistentemente, continue trazendo a conversa de volta para o tópico dos alimentos. Concorde em desfrutar a qualidade e não a quantidade. Vá a algum lugar exótico para comer algo novo. Deixe as conversas sobre as banalidades para outra hora.

✓ Tente isto: Mude o foco de "tudo que puder comer" para "tudo que puder experimentar"

A língua humana está sempre procurando novas emoções. Assim que se cansa de um sabor, vai logo procurar outro. Essa tendência da língua de buscar novas sensações é o que explica o fenômeno de saciedade sensorial específica. Lembre-se do que acontece em um bufê: embora você possa estar se sentindo de barriga cheia demais para comer outro prato de carne assada e purê de batatas, não se importaria de tentar outra coisa. Quando combinada com a distração do ato de comer social, a saciedade sensorial específica é uma possibilidade que pode levar a excessos. Então, deixe algum espaço para a curiosidade de sua língua. Adote uma nova atitude diante de um bufê ou de um restaurante por quilo. Encare esses lugares como galerias gustativas e use, mas não abuse. Mude sua mentalidade de "comer tudo o que puder" para algo como "tudo que puder saborear de modo consciente". Convide seus companheiros para acompanhá-lo nessa abordagem.

✔ Tente isto: Mude o foco de um bocado de comida para um bocado de palavras

O comer social é um compromisso, e você precisa lidar com suas expectativas. Aceite que o comer social é principalmente um projeto de redução de danos. Mantenha sua mente desperta mesmo que você esteja na companhia de zumbis glutões. Faça algumas respirações profundas para relaxar qualquer estresse que esteja trazendo à mesa. Lembre-se de abrir a mente antes de abrir a boca. Preencha-se antes de oxigênio e de água. Deixe sua mente preparada para observar qualquer sinal de distensão do estômago. Use sua escolha de conscientização e as interrupções de padrão para ficar desperto durante toda a refeição. Peça para comer algo exótico ou desconhecido para saciar a curiosidade de sua mente. Não se preocupe em se mostrar como um comedor consciente; parte do seu papel é estar disposto a partilhar o seu conhecimento sobre a alimentação consciente. Também pode se dar permissão para se destacar, e não há nenhum problema se todo mundo estiver comendo e você não. Você tem o direito existencial de se sentir satisfeito. Então leve a conversa adiante e deixe que ela fique no ar por um tempo. Ironicamente, a boca cheia de palavras é uma excelente defesa contra o comer sem sentido.

✓ Tente isto: Mude o foco da boca cheia de comida para uma atenção plena em ouvir

Como talvez se lembre do início deste capítulo, Donald Altman, um psicoterapeuta e ex-monge budista, disse: "Escutar de verdade o outro é um prato principal da refeição íntima da família" (1999, 101). Ele acertou no alvo. Afinal, o comer social não se resume apenas a ingerir calorias nutricionais; trata-se de ingerir calorias sociais também. Estar presente para o outro é também uma forma de nutrição. Embora possa parecer que ter a boca cheia de comida é uma maneira conveniente de esperar o tempo passar enquanto alguém está falando à mesa, permita-se simplesmente sentar-se, por vezes, sem nem mastigar nem falar, mas apenas ficar ali e ouvir. Lembre-se: uma boca vazia é um ouvido pleno de atenção.

Conclusão: Do apetite coletivo para a atenção plena coletiva

Para algumas famílias, casais e grupos de amigos, comer é uma muleta relacional, e o apetite é praticamente o único sentimento que eles compartilham com os outros. Nesses casos, o apetite coletivo é nada mais do que uma insensatez coletiva. Mas não precisa ser assim. Se você gosta de se conectar com outras pessoas compartilhando uma alimentação, num almoço ou num jantar, faça isso conscientemente. Coloque sua atenção plena de volta ao cardápio coletivo. Comer é um poderoso denominador comum. Dê um passo adiante e turbine essas ocasiões alimentares sociais com a plena consciência. Dividir, compartilhar o pão conscientemente vai certamente aprofundar suas conexões sociais.

Um amuse-bouche para interromper o padrão

Os padrões acabam sempre colocando a mente para dormir. E as interrupções de padrão acabam por despertá-la. Qualquer despertar é, fundamentalmente, uma meditação sobre a diferença entre ilusão e realidade, uma oportunidade de se ver de novo. Então, sirva-se de outra porção de interrupções de padrão para meditar sobre quem está comendo.

– A raiz (viva) da matéria –

Nas próximas meditações, eu uso poesia inspirada em Shiva como uma plataforma de lançamento para provocações ligadas às interrupções de padrão no que diz respeito à alimentação. Quando falo de conceitos hindus como *lila* (o jogo divino, ou drama cósmico) ou Shiva (o agente de destruição criativa), não estou nem professando nem promovendo qualquer tipo de dogma, estou apenas jogando o *lila* de palavras, usando ideias para destruir um visão clichê do ato de comer, a fim de criar justamente uma nova visão do ato de comer. A meu ver, a ideia de Shiva é um princípio dialético potente que ajuda a explicar o mistério metabólico da vida. Para explorar esses conceitos, compartilharei algumas linhas dos poetas que se inspiraram em Shiva, como Basavanna, Mahadevi e Dasimayya, que parecem todos ter adquirido uma profunda compreensão desse tango criativo-destrutivo do cosmo.

Basavanna, um santo e poeta do século XII, escreveu: "A raiz é a boca da árvore: derrame água lá embaixo e, veja, ela brota verde na parte superior" (Ramanujan 1973, 80). Os animais – os seres humanos incluídos – são semelhantes a uma planta móvel, com as raízes no topo onde fica a boca. Despeje água ali, encha aquela boca de comida e veja: o corpo floresce lá embaixo. Assim como as árvores, somos tubos vivos com entrada e saída, só apenas orientados de modo diferente e espacialmente liberados por causa de nossas pernas. A boca é a raiz, a fonte, o ponto de partida de todo o crescimento de nosso *corpomente*. Você literalmente brota dos próprios lábios que beijam a realidade a cada mordida que dá, desde as duas fileiras de dentes que moem a matéria da realidade até a consciência que está lendo esta frase. Então, da próxima vez que se sentar para comer, primeiro observe sua boca. Cerre e relaxe os maxilares, mastigue a matéria com os dentes, estale os lábios e deixe que sua língua varra loucamente sua morada cavernosa. Verifique o equipamento que permite o seu crescimento. Enraize-se em sua boca. E perceba que essa realidade que você está prestes a processar é a própria terra de onde você brota.

– Um bocado de reflexão –

Considere este verso de Basavanna: "A tigela de comer não é uma de bronze e outra de espelho. Tigela e espelho são um único metal. Se um devolve a luz se torna um espelho" (Ramanujan 1973, 90). Embora geralmente não façamos nem tigelas nem espelhos de bronze nos dias de hoje, uma tigela ainda é um espelho. A atenção plena é a luz no interior do seu crânio, uma fonte de iluminação interior. Da próxima vez que você comer, note o reflexo do seu rosto no côncavo polido da colher que acabou de esvaziar. Faça uma meditação agora. Ilumine e seja iluminado por sua própria presença. Aqui está você, um espelho para si mesmo. Da próxima vez que beber um gole de alguma coisa, observe o reflexo de seu rosto na superfície do espelho líquido. Aqui está *você* olhando para si mesmo! Reconheça que comer é uma oportunidade de autorreflexão.

— Um prato cheio de humildade —

"Meu corpo é a sujeira, meu espírito é o espaço", escreveu Akka Mahadevi, uma devota de Shiva, do século XII (Ramanujan 1973, 116). Isso se aplica a todos nós. Sim, o seu corpo é sujeira, não no sentido de ser impuro ou indigno, mas simplesmente no sentido de ser terra. Você come solo, então é o solo em si mesmo, e então se torna solo. As duas palavras, "humano" e "humildade", derivam da palavra "solo, húmus". Reconheça que você é simplesmente um prato de terra sobre a Terra, servido quente. Enquanto você comer, procure sentir a humildade inerente ao processo e ao seu ser. Pondere sobre o panorama geral de tudo isso enquanto está sendo renovado pelo solo, a cada mordida. O comer humilha todos nós. Mas não há necessidade de admitir a culpa e engolir a humilhação. Basta se servir de uma porção de humildade.

— O corpo é um templo, o alimento é o sacramento —

A arquitetura indiana oferece uma reversão intrigante do conceito de que o corpo é um templo, como descrito pelo poeta e estudioso indiano A. K. Ramanujan (1973, 20): Os templos indianos são tradicionalmente construídos à imagem do corpo humano. O ritual para a construção de um templo começa com o plantio de... um pote de semente. Diz-se que o templo vai nascer da semente plantada, como um ser humano. As diferentes partes de um templo são chamadas pelo mesmo nome das partes do corpo. Os dois lados são chamados de mãos ou asas, a *hasta*; um pilar é chamado de pé, *pada*. A parte superior do templo é a cabeça, *sikhara*. O sacrário, o mais profundo e mais escuro dos santuários do templo, é um *garbhagrha*, o ventre. O templo assim carrega em tijolo e pedra o projeto primordial do corpo humano.

Astucioso – mas totalmente desnecessário. Aqui está o que Basavanna tinha a dizer sobre o tema: "O rico vai fazer templos para Siva. O que eu, um pobre homem, devo fazer? Minhas pernas são os pilares, o corpo o santuário, a cabeça uma cúpula de ouro. Escuta, ó senhor dos rios que se encontram, as coisas em pé cairão, mas aquelas em movimento nunca vão parar" (Ramanujan 1973, 20).

Na verdade, por que imitar o que você já tem? Seu corpo é um templo. Por que construir outro? Por isso, por que queimar gasolina para se dirigir a um lugar onde você não está, em nome de uma adoração? Por que não adorar em casa? O que quero dizer com "culto, adoração"? Quero dizer amor. No entanto, se quiser ver a fonte suprema, a Realidade, a Criação, o Universo, o Dao, o Cosmo, então descubra uma maneira de se conectar a ele, de dentro e sem intermediários. Mesmo que o seu corpo não seja um templo, ele certamente tem um. Toque o seu dedo indicador no lado da cabeça para apontar a cúpula da presença dourada dentro das paredes de tijolo de seu cérebro. E quando participar do sacrifício da vida que é o alimento, santifique-o com a sua presença. Quando se conhece a si mesmo, não há necessidade de ir mais longe de onde já se está. Você construiu (e está construindo) esse templo de um corpo; e agora preencha-o com sua presença.

— Toque não predatório —

Comer é um toque predatório – toque que se transformou em destruição. O primeiro toque é o gosto, enquanto as moléculas de sabor se misturam com a língua. Então devemos moer o alimento em uma polpa (tocando-o de novo e de novo) antes de engolir. Então nós o digerimos (e, portanto, mais uma vez tocamos) por meio do combate químico *mano a mano*. E certamente tocamos a comida enquanto ela se move pelo nosso corpo, por todo o comprimento do tubo digestivo – o tubo que corre dentro de nós – em uma espécie de massagem gustativa do peristaltismo no qual estamos agora sendo tocados pela realidade que engolimos. Mahadevi sugeriu outra opção: "O dedo pode espremer o figo para senti-lo, embora não escolha comê-lo" (Ramanujan 1973, 133). Na verdade, por que não, de vez em quando, tocar na comida sem comê-la? Por que não, de tempos em tempos, tirar o elemento predatório do toque fora do ato de comer? Resgate uma das maçãs que você trouxe para casa de seu destino digestivo, jogando-a para fora da janela. Deixe o caos aleatório da natureza fazer a mastigação por você, nesse momento. Defina um precedente de toque não predatório e não utilitário. Para mudar um pouco as coisas, vamos deixar que a comida seja algo diferente do alimento, e deixe-se ser mais do que apenas um glutão.

— O fogo da fome —

Dasimayya, poeta do século X inspirado em Shiva, escreveu: "No prato de comida ingerida depois de muita espera, um fogo" (Ramanujan 1973, 99). Sim, a fome é um incêndio, uma queimadura, um desejo, uma força mobilizadora. Acenda-a de vez em quando. Que as chamas do desejo se animem. Deixe a centelha de sua dependência de realidade crescer. Sente-se – em um momento de contemplação – na frente de um prato de comida. Deixe que uma espera consciente sopre as chamas da fome e abram seu apetite. Assista ao fogo do interesse crescer. As pessoas tendem a pensar que o comer consciente é chato. Eu digo que é exatamente o oposto: o comer irracional é que é chato, e por isso o temperamos com tevê, internet e leitura. Um comer consciente alimentado pela fome é tão chato quanto andar no fogo e então satisfazer aquela necessidade premente com alívio intenso. Quando satisfeitas prematuramente, a fome e outras necessidades se apagam como um fósforo na chuva.

Pense nisso da seguinte maneira: A palavra "voraz" está relacionada com o termo "roubo", e um apetite voraz é claramente uma erupção violenta do apetite. A palavra "voraz" tem sua raiz antiga no termo "ravina", uma vala escavada por um fluxo rápido e, muitas vezes, violento de água. No inglês medieval, a palavra "ravina" significava "saque", "roubo", ou "pilhagem". Isso também está ligado ao verbo "arrebatar" e ao adjetivo "arrebatador". Uma fome bem cronometrada e bem desenvolvida satisfaz a si mesmo com força; ela toma a realidade com a qual se alimenta. É um verdadeiro momento Shiva de destruição criativa. Portanto, a alimentação consciente não tem de significar comer devagar. Ela pode ser rápida ou intensa. A atenção plena não tem nada a ver com a velocidade – com rapidez ou lentidão –, mas tem a ver com viver na velocidade da vida. A atenção plena não é uma chatice entediante, é um compromisso total com a realidade. Não é se colocar fora do jogo, é mergulhar nele. Quando se sentir entediado, envolva-se um pouco com as preliminares desse fogo da fome. Deixe as chamas do apetite aumentarem. Deixe que a entrega dos alimentos apague isso. Tenha um momento Shiva de destruição e renovação.

capítulo 11

Repensando a obesidade

Eu sou, de fato, um rei, porque sei como me governar.

— Pietro Aretino

Este capítulo é uma provocação conceitual, uma tentativa de abalar a sua mente para uma nova compreensão da obesidade – não como ganho de peso, mas como perda de autocontrole. Esse (subjetivo) ponto de vista fenomenológico da obesidade é complicado, mas valioso do ponto de vista motivacional. Então, siga comigo por mais algumas páginas.

Você não é o seu corpo

Você não é o seu corpo. Digo isso literalmente, não metaforicamente. Leve em consideração o seu esqueleto, por exemplo. Enquanto você certamente precisa dessa coleção de ossos e articulações, você *não é* essa coleção de ossos e articulações. Como pode ser isso? Porque você realmente não depende de nenhuma dessas partes do esqueleto para ser a entidade psicológica ou subjetiva que é. Como um exemplo disso, a moderna medicina cirúrgica substitui rotineiramente uma grande quantidade de articulações com partes de cadáveres ou suas versões sintéticas. E aqueles que se submetem a essas cirurgias continuam sendo existencialmente os mesmos de antes. Isso também é verdade para os nossos órgãos. Com a ajuda da medicina moderna dos transplantes, podemos continuar vivendo usando o rim ou o fígado ou o coração de outra pessoa. Então, nós, obviamente, não somos os nossos órgãos. E nem preciso dizer que não somos os nossos fluidos corporais. Bebemos, urinamos e continuamos sendo os mesmos. Da mesma maneira, você pode doar sangue sem nenhuma perda psicológica e também receber transfusões de sangue de outra pessoa, sem se tornar essa pessoa. Do mesmo modo, não somos nossos tendões e nossas fibras musculares, ou os nossos membros. Podemos perder um membro ou dois, ou mesmo quatro, e ainda continuamos a ser nosso eu subjetivo, psicológico, especialmente com a ajuda da mais recente tecnologia de prótese estilo ciborgue, que pode ser ligada diretamente ao sistema nervoso por meio de cirurgia. E o mesmo vale para o nosso tecido adiposo, ou gordura. É óbvio que não somos esse tecido, caso contrário, você não poderia sobreviver a uma lipoaspiração sem uma perda de si mesmo. Então, o que somos?

A resposta parece ser o cérebro, certo? Mas o que é o cérebro? Ele não é apenas a soma total dos bilhões de neurônios dentro do seu crânio, mas também inclui a rede de fiação neural de todo o corpo. O cérebro está em toda parte onde estão os nervos. Talvez você nunca tenha pensado realmente nisso dessa maneira, mas os nervos que percorrem todo o corpo não são na verdade uma fiação neural independente. Eles são realmente as ramificações dos neurônios que residem no crânio e na coluna vertebral. Assim, o cérebro é uma rede neural distribuída por todo o corpo.

Você é uma tribo neural

Para esclarecer melhor, você não é apenas o cérebro em sua cabeça, mas é todo o seu sistema nervoso. Toda essa fiação neural é você. Para captar o que quero dizer, olhe para sua mão. Agora junte as palmas das mãos. A sensação de toque em suas mãos é conduzida pelos nervos sensoriais que fazem parte dessa rede neural que *você é*. Ou seja, você está em todos os lugares onde seus nervos estão, e está em mais de um lugar simultaneamente: tanto em sua mão esquerda quanto na mão direita ao mesmo tempo – e em seu crânio, enquanto reflete sobre essa sua onipresença neural.

Tudo bem, provavelmente "viajei" um pouco. Mas não é isso que quero enfatizar. A questão é que, em uma maneira de falar, você nem é de fato seu cérebro. O cérebro é a parte externa de sua essência. Você está realmente dentro do cérebro, é o lado-mente do cérebro, se preferir. Você é a experiência subjetiva da sua rede neural – o fluxo de informações aí dentro. A mente na verdade é o que parece definir esse sistema nervoso todo distribuído. Você é o sentimento de soma total aqui e agora, de toda essa tribo dos neurônios e fiação neural.

E aqui está a sacada: esse "eu" neural vive dentro desse corpo que não é você. Isso mesmo, você – a *mente* que é você – existe dentro do meio que é seu corpo. Seu corpo – com todos os ossos, articulações, fluidos, órgãos, membros e tecido adiposo – é apenas o *ambiente* em que você vive.

Agora, se você quer uma informação mais técnica e anatômica, podemos dizer que você é o lado-mente (a sensação subjetiva) do seu sistema nervoso, o que em si é uma combinação do sistema nervoso central (cérebro e medula espinhal) e sistema nervoso periférico (a fiação neural que se estende por todo o corpo). Então, vamos dar uma olhada nessa fiação neural por um momento. Para que ela serve? Ela está lá para controlar vários aspectos do seu corpo. Reformulando a frase, essa fiação neural está lá para controlar o seu hábitat corporal. Consequentemente, podemos dizer que você é o que você é (cérebro mais fiação neural), juntamente com tudo aquilo que puder controlar conscientemente e voluntariamente. Em outras palavras, você é um domínio de autopresença e um domínio de controle.

Você (o tal lado-mente dessa rede neural distribuída) vive dentro de um perímetro corporal, convivendo com outros componentes vivos (seus órgãos, músculos, as células de gordura, e assim por diante) que estão ligados a uma estrutura (o esqueleto) e são servidos por um sistema de encanamento vivente que transporta fluidos corporais. Portanto, considere seu eu como uma tribo composta de células neurais que governam o domínio móvel de um corpo que, em si mesmo, é composto de várias tribos celulares conectadas ao chassi mineral de um esqueleto. Você é uma espécie celular autossuficiente (neurônios) no interior de um coletivo celular de colegas da mesma espécie, uma tribo em meio a uma nação neural.

Deixe-me esclarecer o que quero dizer com uma tribo neural: seu cérebro não é realmente um órgão permanente em si, mas uma comunidade de células neurais (neurônios) em comunicação colaborativa uns com os outros. Cada um desses neurônios está sozinho, separado do resto da rede por lacunas sinápticas. Assim, cada neurônio é a sua própria forma minúscula de vida dentro da tribo neural que você é. Quando falamos de células, não se pode dizer que você é *um*, é *muitos*. É um composto, um bando de consciência, uma colmeia de atividade neural distribuída pelo terreno celular do seu corpo, que por sua vez não é um corpo contínuo, por si só, mas uma gigantesca colônia multicelular com mobilidade. Você é uma complexidade neural em um ambiente de maior complexidade corporal. Você é uma tribo neural dentro de uma nação corporal maior. E você também é o monarca desse reino soberano – pelo menos em teoria.

Pense nesse "você" – nessa rede neural distribuída que está lendo essa perspectiva intrigante – como uma espécie de motorista neural dentro do veículo de seu corpo. Esse corpo em que você vive é como um VR (veículo recreacional) que pode estacionar durante a noite para descansar ou tomar a estrada da vida em busca de experiências, sustento, e talvez até mesmo bem-estar. Soa como uma aventura! Mas existem alguns problemas: esse veículo pode, por vezes, precisar de manutenção. Você – o motorista neural desse VR corporal – pode adormecer ao volante, ou perder sua capacidade de dirigir. Mas vamos colocar essas metáforas de lado e abordar a questão de frente: como a obesidade ameaça seu sentido do eu e seu sentido de controle sobre esse hábitat corporal?

Perda de controle, perda do eu

Parte desse corpo, dessa matéria celular ao redor, está sob seu controle, mas parte não. Por exemplo, os tecidos musculares são inervados por suas volições conscientes. Você pode neurologicamente manipular ou controlar os músculos. Para ver o que quero dizer, feche a mão em um punho. Sem você – sem a sua escolha, a sua intenção, o seu comando neural – essa mão só fica lá, vivendo a própria vida celular, mas sempre pronta para atendê-lo, a tribo neural.

Embora os tecidos musculares estejam metabolicamente e existencialmente por conta própria, você – a mente – está estrategicamente representado em todos os pontos críticos, aqueles onde os músculos são ativados com a ajuda de terminações nervosas. Assim, os músculos trabalham para você. Eles são os seus procuradores, seus substitutos, seus vassalos. Ainda que anatomicamente esteja separada de você, a tribo muscular é funcionalmente *você* – desde que se comporte e obedeça aos seus comandos neurais.

E quanto ao tecido adiposo, ou gordura? A tribo da gordura é inerte. Não é inervada. Tente mexer um pouco de celulite intencionalmente, sem manipular, para ver o que quero dizer. Você pode mover a coxa, mas não consegue fazer com que uma bolsa de células adiposas se mova em qualquer tipo de ação. O tecido adiposo, assim como o tecido muscular, fica anatomicamente por conta própria, mas fora de sua esfera de controle. No entanto, a tribo de gordura é fundamental para o seu bem-estar. A gordura é um dispositivo de armazenamento, um tipo de bateria biológica na qual a energia em excesso pode ser armazenada. Como tal, alguma reserva de gordura é indispensável para a sua sobrevivência e para a sobrevivência do seu hábitat corporal.

À medida que suas reservas de gordura crescem, no entanto, você acaba com uma quantidade cada vez maior de massa corporal inerte que não consegue comandar para realizar qualquer tipo de movimento. Mas sendo o soberano que é, ainda tem que proteger, nutrir e alimentar todos os seus vassalos celulares, incluindo essa tribo adiposa inerte. Isso mesmo, as células de gordura, assim como qualquer outra forma de vida dentro do domínio do corpo, precisam de energia. Elas também ficam com fome; além disso, querem viver e multiplicar-se.

Então, o que você tem, no caso de ganho de peso, é o equivalente a um carro que está rebocando um posto de gasolina sempre crescente cheio de combustível em potencial. Quanto mais peso você ganha, mais altera a proporção do tecido funcionalmente controlável para o tecido funcionalmente inerte. E se você continuar a ganhar peso, também pode começar a perder a inervação do tecido muscular devido à neuropatia diabética. O posto de gasolina de recursos energéticos teoricamente utilizáveis continua crescendo, mas sua capacidade de rebocá-lo vai diminuindo por causa de todo o desgaste musculoesquelético e cardiovascular que minam seu controle neural.

Visto como tal, a obesidade é tanto uma perda de seu eu quanto uma perda gradual de controle. Na verdade, cada atrofia neuropática devastadora reduz a tribo neural que o compõe, assim como o escopo do seu domínio sobre esse hábitat corporal. Quando você começou essa viagem da vida, era um carro potente com combustível adiposo suficiente para levá-lo de uma refeição para outra. Mas se você acabar se tornando um obeso mórbido, será mais parecido com um calhambeque que se deteriora rapidamente com um reboque cheio de combustível do qual realmente não precisa. Em certo sentido, acaba sendo uma agulha de controle dentro de um palheiro cheio de inércia. A vida acaba ficando imóvel. Você torna-se fisicamente e funcionalmente imóvel. Fica subjetivamente à deriva em meio a uma massa de matéria inútil no corpo que não tem nada a ver com você. Você – o sistema nervoso central, mais o sistema nervoso periférico, aliado com o tecido muscular – encontra-se engolfado por um ambiente adiposo que é em grande parte indiferente ao seu bem-estar.

Você, que costumava governar essa terra, agora é um monarca neural ignorado. Antigamente, se quisesse dar uma caminhada até algum lugar, iria comandar esse corpo para levá-lo lá. Agora, o seu corpo só quer se sentar e usa a dor e a fadiga para chantageá-lo em submissão aos seus desejos.

✓ Tente isto: Largue o IMC e troque pelo IME

Não deixe que as letras "IMC" o preocupem. Não há nada para calcular nessa meditação; é apenas uma oportunidade para repensar as coisas. O índice de massa corporal (IMC) é uma medida de quanto você é gordo e quanto tem de músculo. O índice de massa do eu (IME), para cunhar uma sigla, é uma medida para saber o quanto de você é você e o quanto não é. Lembre-se de que nós definimos "você" como a tribo neural responsável pela horda celular de órgãos, tecidos, gordura e fluidos presos a uma estrutura móvel de ossos. Caso esteja magro e em forma, isso significa que a sua tribo neural, o lado mental de sua rede neural, está bem representado. Há um monte de seu eu nesse hábitat do corpo. Mas, no outro extremo, caso esteja com obesidade mórbida, então será como um consulado na terra da celulite: sub-representado, apenas formal e simbolicamente no controle, e em grande parte dominado e ignorado pelo corpo. Nesse caso, há muito menos de você nesse ambiente celular.

Claro, não há nenhuma maneira de calcular esse índice de massa do eu. Ele requer um tipo qualitativo de autoavaliação. Para ter uma noção do seu IME, faça a si mesmo as seguintes perguntas: "O quanto me sinto no controle desse corpo? Eu me sinto em casa nesse corpo? Esse corpo me escuta? Ele me obedece, ou eu sempre tenho que me comprometer e negociar com ele? Esse corpo parece mesmo que é meu, ou me sinto à mercê dele? Quem está no comando – eu, a tribo neural, ou o meu peso, a tribo adiposa? Posso me reconhecer nesse ambiente físico? Será que ele se parece comigo? Esse corpo se comporta, ou ele se comporta como se eu (a tribo neural) sequer importasse?". Pense se você (a tribo neural) tem alguma influência – um pouco de peso, por assim dizer

– nesse corpo-terra de vocês. Em suma, em vez de tentar encaixar o seu corpo em um par de jeans velhos, tente fazer com que ele se encaixe em suas aspirações existenciais. Em vez de perseguir um IMC mais sexy, considere desviar seu foco para um índice de massa mais soberano, mais representativo, seu IME. Como? Aumentando sua própria presença por meio do comer consciente o ajudará a aumentar sua percepção de controle neural do corpo.

✓ Tente isto: Repense a perda de peso como ganho do eu

Revise suas metas de controle de peso, encarando-as como metas de autorrestauração, como uma recuperação da identidade e um retorno da soberania funcional à tribo neural que você é. Afinal de contas, o que realmente importa em perder peso não é a aparência de sua nova linha de cintura, mas você – a mente da matéria, a tribo neural – não ter que definhar nos bancos do parque do seu corpo-terra. Em vez de estabelecer metas numéricas ou outros objetivos quantitativos, procure criar metas funcionais, como ser capaz de amarrar de novo os cadarços dos seus sapatos, sair de sua cadeira sem precisar de apoio, ou descer um lance de escadas sem uma crise respiratória; e também metas ligadas à sua qualidade de vida, do tipo "quero me sentir no controle do meu corpo" ou "quero ser capaz de fazer as coisas que eu desejo fazer". Passe mais tempo com um diário e menos tempo na balança. Desloque sua atenção de ficar assistindo sua queda de peso para começar a assistir ao seu crescimento pessoal.

✓ Tente isto: Governe o "nós" neural

Nicolau II, o último czar russo, foi muitas vezes ridicularizado por seu uso do plural majestático "nós". Mas eu acho que esse tipo de linguagem faz sentido. Um chefe de Estado, sendo o representante de uma coletividade, tem que pensar não no "eu", mas no "nós". A tribo neural que é você também é um chefe de Estado, uma espécie de "nós neural". Experimente usar esse plural majestático neural "nós" quando for lidar com um desejo. Da próxima vez que você se encontrar dominado por um desejo, sente-se no trono neural e tente avaliar o momento, em nome de toda a sua coletividade corporal. Na verdade, faça a pergunta: "Nós, os estados unidos desse *corpomente*, precisamos de outro biscoito?". Antes de responder com seu plural neural, exerça alguns de seus poderes neurais: feche cada mão em um punho e depois a libere, em uma demonstração do controle neural sobre suas forças musculares aliadas. Faça duas inspirações profundas e conscientes para consultar os órgãos de suas forças aliadas. Em seguida, depois dessa demonstração de força neural, responda a si mesmo: "Não, nós não precisamos".

✓ Tente isto: Inspire sua bomba neural

Se você deseja ignorar a teatralidade do plural majestático e não usar o "nós", aqui está uma abordagem diferente: antes de tomar uma decisão sobre se deve comer mais ou não, tente flexionar sua consciência. Mova a mão, inspire de maneira consciente, e toque no joelho. Ao envolver-se em uma série de movimentos voluntários conscientes, você dá uma chance ao seu eu neural de assumir uma posição até o prato. Em outras palavras, habite e assuma de maneira consciente o seu corpo por um momento ou dois antes de duelar com aquele zumbi glutão que come em excesso e que está no piloto automático. Considere esses momentos de plena consciência e de presença como uma maneira de inspirar e carregar a sua bomba neural.

Conclusão: O que está comendo você?

Existencialmente falando, a obesidade é mais um problema de autogestão do que um problema de controle de peso. Embora o ganho de peso excessivo ou o fato de ser incapaz de perdê-lo seja de fato algo compreensivelmente frustrante, o que é ainda mais desconcertante é existencialmente o sentido emergente de estar fora de controle. Essa perda de autocontrole, esse sentido de estar cada vez menos no comando de seu corpo, não é nada menos do que uma perda de si mesmo, uma perda do eu. Ao mesmo tempo que seu controle sobre o seu corpo diminui, o mesmo acontece com o seu senso do eu. Enquanto come demais e ganha peso, perceba que está literalmente comendo, garfada a garfada, seu sentido do eu. À medida que seu corpo se expande, você – o eu subjetivo, psicológico, que vive dentro do seu corpo, a sensação subjetiva da tribo neural que é você – começa a diminuir na mesma proporção. Deixando de lado os cenários como o da chamada infecto-obesidade (na qual se pensa que o ganho de peso pode ser o resultado da supereficiente extração de energia de bactérias da flora intestinal), a questão do controle de peso é com você, a tribo neural. Afinal de contas, não há o ato de comer sem que o seu neural diga que pode. O primeiro passo no caminho para recuperar o seu sentido do eu está em reinventar a refeição a fim de restabelecer-se como o mestre de seu domínio corporal – uma garfada consciente de cada vez.

Um amuse-bouche para interromper o padrão

Espero que você tenha gostado desses aperitivos para a mente. Espero que tenha começado a desenvolver um apetite para pensar sobre o mistério de comer, antes de fazê-lo. Enquanto estiver desfrutando um dos últimos lotes de aperitivos de interrupção de padrão, lembre-se de que você sempre pode voltar a essas dicas para abrir sua mente. Releia tudo antes de voltar a comer.

— Falta de ar nas refeições —

Nós normalmente não pensamos que o ato de comer pode ser uma ameaça mecânica para nosso bem-estar, mas com seus riscos inerentes de asfixia e aspiração, comer é de fato um risco respiratório e pode matá-lo (Sayadi e Herskowitz 2010). Mas isso é notícia velha. Aqui está algo que é novo e espero que possa apreciar: "Durante a deglutição, você realmente para de respirar por uma fração de segundo, enquanto o alimento viaja depois de entrar pela boca e passar pela traqueia" (*Readers Digest* 2002, 20). Aqui está outro fato curioso: estima-se que uma pessoa comum gasta a soma total de cinco anos comendo e bebendo (*Readers Digest* 2002) – e, portanto, sem respirar. Quando você tiver um momento, reflita sobre isso: comer é ficar com falta de ar. Coma um pedaço de alguma coisa e observe a roda da vida parar de uma vez.

— A vida não processada —

Em 2009, li uma passagem escrita pelo filósofo Gregory Sams que quase me fez pular da cadeira: "Há um número impressionante de combinações vegetais comestíveis de luz, ar, água e terra, que estão crescendo neste planeta. Os mesmos ingredientes básicos que produzem uma cenoura também podem fazer um grão de arroz ou uma raiz de gengibre. As amplas e diferentes vibrações e energias vitais nos alimentos são reais, e tornam-se você, caso não tenham sido processados no momento em que atingirem o seu prato. A boa comida capacita e até mesmo o orienta para viver a sua vida muito melhor em muitos níveis – além de melhorar a saúde física, simplesmente" (2009, 208-209). Durante anos, eu tenho mantido a mesma opinião: que os alimentos processados estão mortos, a vida foi extraída deles e, portanto, não têm mais nada a oferecer ou ensinar ao seu *corpomente*.

É uma maneira de expandir a mente para ver a realidade por meio de uma lente que processa as informações. Mas o que é informação? A informação é um padrão, e o processamento de informação é o reconhecimento de padrões. Alimentos processados são totalmente desconstruídos; eles não têm nenhum padrão restante. O alimento é esterilizado de sua história e não carrega nenhuma memória ou segredo da vida. Uma maçã é um embrião. É um útero vegetativo grávido de vida. Um purê de maçã é uma história totalmente diferente. A meu ver, até mesmo um copo de suco de cenoura é comida processada – mesmo que recém-feito. O suco de cenoura não é mais uma cenoura. Sua estrutura fibrosa foi perdida nas rotações por minuto de um espremedor de alta potência. Não me interpretem mal: não sou contra sucos – não mesmo. Eu amo o suco de cenoura, e se você vir um tom bronzeado na minha pele, ele é provavelmente atribuível à cenoura, e não ao sol.

Estou me referindo aqui a uma questão filosófica, não nutricional. Quer sejam nutricionalmente bons, quer não, os alimentos processados são desprovidos de padrões de informação e história. Mesmo que o alimento processado alimente o corpo, não alimenta a mente. Embora do ponto de vista nutricional a comida processada seja melhor, é claro, do que muitos alimentos embalados, quando eu a como sinto que não tenho a resistência que a comida não transformada proporciona. Quando decido ingerir esse mingau nutritivo, a jiboia do meu peristaltismo não tem nada contra o que lutar. Eu anseio pela massagem interna do alimento, enquanto ele segue o seu caminho pelo meu corpo – algo que está perdido na enchente do fluxo de nutrientes de alimentos processados.

O tubo vivente do meu corpo observa toda a comida que passa por ele, que talvez seja semelhante a um reality show sobre a vida fora do corpo. Se o alimento que eu como teve toda a sua história processada para fora dele, resta somente o mingau nutritivo e ele não ensina nada sobre a vida na selva lá fora. Uma fatia de pão branco ensina ao meu corpo que o mundo exterior é um céu deslavado, com uma nuvem ocasional que deriva de um passado imemorável. O volumoso pão de grãos, por outro lado, transmite mais precisão sobre a rotina da vida cotidiana no mundo exterior. Talvez isso não seja nada, a não ser poesia arbitrária. Talvez o valor nutricional seja, do ponto de vista do corpo, a única informação de valor para o corpo, mas pode ser que não... Em qualquer caso, não há necessidade de amarrar essas pontas soltas em um nó arrumado dos fatos. Tudo o que estou sugerindo é que de vez em quando é bom acolher um encontro com uma forma de vida real.

Se você quiser uma cenoura, coma uma cenoura mesmo e não um suco de cenoura. Se estiver a fim de comer uma ave, coma uma coxinha de frango de verdade, não aqueles nuggets de frango industriais regurgitados. E se estiver determinado a tomar um copo de suco de laranja, pelo menos esprema as laranjas você mesmo. Conheça o que você vai destruir face a face e aprenda com o encontro. Você não iria consumir o amor na forma de comprimidos, não é? Claro que não. Você gostaria de todo o drama que isso implica: a perseguição, o desafio, a intimidade de ligação. Você gostaria de ter todo o processo do amor. Acontece o mesmo com os alimentos: o nosso corpo quer participar do processo digestivo de comer vida. Ame a intimidade tridimensional inconfundível de comer uma laranja, em vez de se contentar com uma pálida imitação em forma de suco.

– Uma dieta de luz –

Reflita: o alicerce definitivo da cadeia alimentar é uma coisa totalmente intangível, a luz do sol. Como colocou o filósofo Gregory Sams: "Praticamente todo alimento que nós consumimos, com exceção do sal e de mais alguns aditivos alimentares, é uma forma de luz solar armazenada. Ela é originalmente depositada como energia por meio da fotossíntese das plantas e, posteriormente, liberada como energia para sustentar a vida daqueles que comem as plantas, e os que comem aqueles que comeram as plantas, e assim por diante na cadeia alimentar" (2009, 207). Quando for fazer sua próxima refeição, pergunte-se: "O quanto de luz tem a minha dieta – literalmente? O quanto me sinto perto da fonte primordial de energia? Estou conseguindo ter energia nova, relativamente sem filtro, ou estou recebendo aquela luz cansada de produtos reciclados de outros seres?". Só porque você se senta no topo da cadeia alimentar com energia solar, não significa necessariamente que você está recebendo energia de primeira linha. Olhe para uma sequoia de cinco mil anos de idade e, em seguida, olhe para si mesmo. Diga-me: Quem está comendo melhor?

— Viciado em comida? Sem essa! —

Algumas pessoas se culpam como sendo "viciados em comida", o que pode reforçar a ideia de que "simplesmente elas não conseguem parar de comer". Eu não compro essa ideia. Em seu livro de 1983, *Chocolate to Morphine: Understanding Mind-Active Drugs*, Andrew Weil e Winifred Rosen colocam o chocolate e a morfina em uma só e mesma categoria geral – drogas –, explicando que os seres humanos têm um interesse aparentemente inato em alterar a sua consciência. Naturalmente, chocolate e morfina estão em diferentes categorias. Mas o princípio, no entanto, permanece: qualquer coisa que você come por prazer altera sua consciência, saindo de uma base de tédio para um estado mais prazeroso ou estimulado.

Em qualquer caso, apague a palavra "vício" de seu vocabulário. Não significa nada. Se você está "viciado" em morfina ou tiramisu, você está buscando prazer, claro que cada um em um nível. E não há nada fundamentalmente errado na procura de prazer. O caminho que nós tomamos nessa jornada em busca do prazer pode ser, certamente, mais ou menos precário. Pode ser legal ou ilegal, socialmente sancionado ou estigmatizante, mas o destino é sempre o mesmo: o prazer, que é uma forma de bem-estar. Se você tiver rotulado a si mesmo como alguém viciado em comida, eu sugiro que exclua esse conceito psicologicamente tóxico de sua mente. Você é um buscador de bem-estar que ainda está tentando dominar a curva de aprendizado da moderação.

capítulo 12

Reinventando a iconografia de comer

Desfrute da sua refeição, mas coma menos.

— Departamento de Agricultura dos Estados Unidos

Há certas conclusões e verdades preocupantes em que você não pode, infelizmente, deixar de pensar. Aqui está um exemplo disso, que tive há alguns anos: a saúde, ao contrário da doença, não produz receita. É isso mesmo: economicamente falando, você é muito mais valioso doente do que saudável. Corpos saudáveis com mentes saudáveis criam consumidores pobres em uma sociedade corporativa. Eles cuidam das próprias coisas e vivem com tranquila satisfação. O doente, no entanto, está compreensivelmente ocupado procurando respostas diretas ou simbólicas para o seu sofrimento. Isso os torna excelentes consumidores. A doença é um negócio que sempre se repete. Mas a saúde, com relação a vendas, é um fiasco. É fácil descartar essa perspectiva taxando-a de muito deprimente ou desnecessariamente cínica. Mas eu encorajo você a não se apressar em descartar tudo isso como se faz com um discurso decepcionante de um maluco. Com certeza, eu posso ser um maluco, mas quanto à decepção, é sempre uma coisa boa. A desilusão é literalmente uma perda de ilusão e é, portanto, uma oportunidade de ver a realidade como ela é. É uma oportunidade para maior clareza – uma oportunidade de mudança.

Atenção plena é o ingrediente que falta

Vamos começar com uma breve revisão antes de eu explicar o meu ponto de vista: comer muda o corpo e a mente, a totalidade de quem somos. O que comemos e quanto comemos são fatos que mudam quem somos fisiologicamente, porque o modo como nós comemos e a quantidade de comida que ingerimos mudam quem somos psicologicamente.

Inconsciência é cegueira

Quando comemos sem pensar, o corpo se expande (na medida em que comer sem refletir o leva a comer demais) e a mente encolhe (na medida em que comer sem pensar é o que nos nega a experiência de comer). Afinal, comer sem pensar significa exatamente isso: não pensar, usar menos a mente. Essa inconsciência esconde a realidade e nos rouba a experiência. Tenho certeza de que você já viveu essa experiência de não ter nenhuma experiência. Você entra no carro, começa a dirigir, e meia hora depois chega ao seu destino. Mas, ao olhar para trás, você não se lembra da experiência real de dirigir. Aprendemos a não nos sentirmos confundidos por isso. "Hipnose da estrada", pensa, e segue em frente. É a mesma coisa com a alimentação, uma espécie de hipnose da cozinha, se quiser. Você compra os alimentos, cozinha, arruma a mesa, liga a tevê, e vários minutos sem sentido depois disso, está tudo acabado. Seu estômago está cheio, mas sua mente, vazia, e você deseja ardentemente alguns segundos, porque só assim pode ter a experiência de comer que perdeu da primeira vez.

Atenção plena é visão

Quando comemos conscientemente, o corpo encolhe (na medida em que o comer consciente reduz os excessos sem sentido) e a mente se expande. Afinal de contas, estar consciente significa exatamente isso: ter uma mente atenta e plena. A atenção plena é a visão. A atenção plena revela a realidade do que é, em todo o seu processo intrínseco, sutil, complexo e único. A tradição de agradecer para infundir um momento de gratidão espiritual em uma refeição; a tradição zen do *oryoki*, que facilita a presença do aqui e agora por meio de uma refeição-meditação; o movimento do veganismo, com sua tentativa de manifestar a ética da compaixão por intermédio da alimentação – essas transmissões de valores e muitas outras tradições ligadas à alimentação refletem que o ato de comer pode servir como uma plataforma existencial inestimável para despertar o zumbi que há em nós. Considerando que o comer sem consciência nos rouba dos momentos alimentares da nossa vida, a alimentação consciente nos permite recuperar essas experiências. Segundo o site do Center for Mindful Eating (2011): "O comer consciente tem o poderoso potencial de transformar a relação das pessoas com respeito ao comer e à comida [e] pode melhorar a saúde geral, a imagem do corpo, os relacionamentos e a autoestima". Os últimos anos têm testemunhado o surgimento da literatura de autoajuda e da literatura clínica em aconselhamento sobre o comer em excesso e a compulsão alimentar. A conclusão que se tornou cada vez mais clara é simplesmente esta: o ato do comer consciente é parte essencial de uma alimentação saudável.

Um ícone do passado

Durante anos, a pirâmide alimentar do Departamento de Agricultura dos Estados Unidos (USDA) foi um ícone cultural. Ela foi projetada para orientar nosso comportamento alimentar, mas o comer consciente estava conspicuamente ausente. Como um exemplo disso, a versão final da pirâmide alimentar era caracterizada por uma figura humana voando por alguns lances de escada para indicar a importância do exercício. Ótima ideia, exceto que... a cabeça do corredor vinha desconectada de seu corpo, assim como muito do nosso comportamento alimentar está desconectado da intenção consciente da nossa mente. Em um post de 2010 no meu blog no *Huffington Post*, pedi ao USDA que essa pirâmide alimentar fosse atualizada. Naquela época, eu propunha que, no mínimo, faríamos bem em conectar a mente do corredor com seu corpo, adicionando um pescoço para unir as partes do todo humano. Mas a coisa não parou por aí. Também sugeri que coroássemos a pirâmide com um símbolo de consciência – ou seja, um símbolo do olho, do mesmo jeito que temos na parte de trás de uma nota de dólar. Meu pensamento era que essa adição seria uma dica para as pessoas sobre a importância de comer com uma visão de curto e de longo prazo: com a consciência tática do aqui e agora do processo de comer e com a visão estratégica sobre como seu comportamento alimentar se encaixa com a sua filosofia sobre como viver melhor.

O símbolo do olho que tudo vê no topo de uma pirâmide, a propósito, traça a sua origem de volta ao Egito antigo e indica "que o deus morto está sepultado no submundo, mas ainda está vigilante. O olho aberto é sua alma que ainda está viva, então ele sabe o que está acontecendo no mundo" (Forty 2003, 11). Uma vez que esse símbolo aparece na nota de dólar e tornou-se amplamente aceito como uma parte legítima da iconografia americana, eu senti que tinha sido suficientemente secularizado e que ele também poderia aparecer no topo da pirâmide alimentar.

O ícone do presente

A pirâmide alimentar foi, de fato, mudada. Mas não da maneira como eu tinha sugerido. Como você provavelmente sabe, a pirâmide alimentar foi demolida e pelo bem geral. O novo guia visual do Departamento de Agricultura dos Estados Unidos para alimentação saudável é um prato colorido de frutas, legumes, proteínas e grãos no que parece ser uma bandeja de comida em estilo cafeteria, servido com um copo de leite. Esse é um verdadeiro avanço em relação à pirâmide alimentar. Primeiro de tudo, um prato de comida em uma bandeja é muito mais intuitivo e familiar do que uma pirâmide alimentar.

Além disso, esse prato novo (de 2011) não apenas nos diz o que comer e o quanto comer ("coma menos"), mas também nos dá um vislumbre de como comer. Do lado esquerdo do prato, há um garfo. Eu acho que estamos sendo convidados a usar talheres em vez de comer com as mãos. Ok, estou sendo sarcástico. A velha questão permanece: não há nenhuma dica visual para a alimentação consciente. É certo que o texto que acompanha o prato defende que você "desfrute da sua comida". Mas parece que a maioria de nós já somos bastante hábeis em fazer isso. Se esse é o jeito de o governo falar sobre a alimentação consciente, eu acho que é um pouco enigmático. A meu ver, esse novo ícone já está desatualizado. Talvez eles ainda estejam subindo aquela antiga pirâmide de aprendizagem.

Portanto, minha proposta continua a mesma: precisamos adicionar um ícone visual explícito alertando para a atenção plena – talvez um par de óculos no qual em uma lente se lê "comer" e na outra se lê "consciente". Ou uma flor de lótus com a inscrição "Comer é ioga". Falando sério, eu não sou um designer gráfico e isso não é uma dissertação de artes plásticas. É uma plataforma para colocar uma pergunta retórica para o pessoal do governo: vocês não veem que, como uma civilização que come em excesso, nós precisamos de algum tipo de sugestão visual para a ideia de que a insensatez é cegueira e a atenção plena é visão?

Conclusão: Um projeto faça-você-mesmo

Comer é fisiologicamente inevitável, mas atenção plena não é. Associar o comer com atenção, uma refeição de cada vez, não só pode nos ajudar a controlar o peso (reduzindo os excessos sem sentido), mas também pode nutrir e enriquecer a mente. Claro, você não tem que esperar que o governo atualize sua iconografia sobre uma alimentação recomendada. Você pode fazê-lo sozinho. Basta adicionar o ingrediente de atenção plena que falta em seu cardápio para completar suas refeições.

Nesses dias de campanha nacional de combate à epidemia de obesidade, reconfigurar a iconografia relacionada com os alimentos recomendados pelo Departamento de Agricultura dos Estados Unidos para refletir a importância da atenção na alimentação parece ser um passo muito simples e óbvio. Mas eu acho que nada é muito simples para os chefes de governo que estão, em grande parte, desconectados do corpo político. Por enquanto, a alimentação consciente continua a ser um projeto do "faça-você-mesmo". Tudo bem. Todos os avanços do espírito e da mente são, em última instância, esforços pessoais e individuais, de qualquer maneira. A hora de começar é agora. Quanto à iconografia de comer, espero que as imagens do futuro, um dia, reflitam (e não apenas aconselhem) a psicologia alimentar de uma nação consciente.

Um amuse-bouche para interromper o padrão

Não há reinvenção sem repensar. E não há repensar sem pensar. Para reinventar a refeição, você tem que repensar a refeição. Para repensar a refeição, você tem que pensar em comer. Não, não quando comer. Quando você for comer, apenas coma. Pense *antes* de comer. Comece agora.

— Comer é tocar e é mudar —

Em *Living Across and Through Skins*, a filósofa feminista Sharon Sullivan escreveu: "Como um órgão... a pele é mais do que uma fronteira. Ela funciona como um local de transação entre o interior e o exterior do corpo" (2001, 158). Para comer, é necessário tocar. Mas o toque é também mudar. Na verdade, comer, como o toque, é uma transação de duas vias: mudamos aquilo que comemos, e nos transformamos durante o processo de comer. Em sua próxima refeição, reconheça que enquanto toca, você está sendo tocado, e que, conforme você muda, você está sendo mudado.

— Comer é renascer —

Comer é recriar a si mesmo – literalmente, não metaforicamente. A cada refeição nós renascemos. Quem você é no momento está prestes a morrer, enquanto você se substitui com um novo eu que está prestes a criar, com a ajuda do que está comendo. A roda da alimentação é a roda do renascimento. Quando você for se sentar para a sua próxima refeição, reconheça a si mesmo como seu próprio criador. Sinta a liberdade e a responsabilidade que vêm com esse ato de comer a recriação/recreação.

— Refeição Dao —

Deng Ming-Dao escreveu: "Se você der aos mestres algo para comer, eles vão comer. Se eles não têm nada para comer, se esquecem de que alguma vez houve tal atividade" (1992, 224). Hmm. Mestres de quê? Eles devem ser mestres de si mesmo. Hmm. Por que um mestre de si mesmo seria tão indiferente sobre o comer? Deve já estar cheio, suspeito. Cheio de quê? Isso é para você descobrir. Aqui estão as suas escolhas:

    a. Repleto de eu
    b. Repleto de satisfação
    c. Repleto de Dao
    d. Todos as afirmações acima (são as mesmas)

— Um namaste para a interdependência metabólica —

Toda vida distingue "dentro" de "fora", ou o "eu" do "não eu". Essa é a dualidade fundamental, a distinção, o viés, ou a sapiência/sabedoria em que toda vida opera. A vida é egoica e parcial com o eu. Ela vê seu próprio *eu* como o assunto principal e tudo mais como "outros", "ambiente", ou "objetos". Toda vida objetiva outra vida como "meio ambiente", para usar e para comer, para fugir de modo a não ser utilizada ou consumida por ele, ou ambos. Toda vida é fundamentalmente injusta para com as outras formas de vida – até que entenda a sua interdependência inevitável e, em um nível mais alto, a sua identidade essencial.

No início de nosso desenvolvimento, tanto como indivíduos quanto como culturas, nós adotamos um dualismo intenso e adaptativo do eu e do não eu. Nós somos muito autocentrados (egocêntricos). Faz sentido. Sendo impotentes e medrosos, temos que pensar de uma maneira altamente conservadora. Esse dualismo que nós desenvolvemos desde o início está lá para nos proteger. "Ou você está comigo ou contra mim" é a mentalidade que subjacente à nossa socialização. Nós não socializamos para nos divertir, mas para a nossa proteção. Nós somos do grupo das panelinhas e fazemos o círculo dos vagões. Nós estamos/vivemos ocupados... sobrevivendo.

À medida que aprendemos mais sobre a vida, começamos a domesticar os nossos medos e a distinguir entre ameaças físicas e simbólicas. Se tivermos sorte, podemos, eventualmente, conquistar o nosso medo mais profundo: o medo de morrer. Conforme progredimos do medo para o não medo, tornamo-nos cada vez menos investidos de todas essas distinções de "nós contra eles". A lente da nossa percepção é recalibrada para notar a semelhança, talvez até a unidade da nossa essência compartilhada, em vez das diferenças superficiais na forma. Nós nos tornamos mais amáveis e mais compassivos. Nós até começamos a nos sensibilizar pelas vidas que consumimos cada vez que nos sentamos para comer despreocupadamente outra refeição – e não apenas os animais que morreram para que possamos comer – enquanto zapeamos pelos canais da tevê, mas até mesmo as vidas à base de plantas que consumimos. Começamos a introjetar que tudo o que é vivo quer permanecer vivo, independentemente do seu nível de complexidade.

Uma sensação de suave intimidade surge enquanto comemos – não de culpa de que precisamos consumir algo vivo a fim de sobreviver, mas um senso de interconexão, uma percepção de que na medida em que comemos a Terra, nos tornamos essa Terra, que à medida que comemos esse alimento, nos tornamos futuros alimentos. Isso cria uma espécie de camaradagem de existência: uma simpatia fundamental, uma dissolução gradual, mas nunca completa, da dualidade sujeito-objeto, uma vontade universal de se relacionar, de sentir o outro – bondade, se preferir definir assim. Mas, então, de que maneira o ato de comer entra nisso tudo? Comer é uma reunião do eu e do não eu, do você e do não você, de quem come e da comida por meio do enredamento provocado pelo comer. Comer é ioga duas vezes: a ioga que unifica o seu corpo com a mente, e, em um nível superior, uma ioga que unifica você com o seu ambiente. Um momento de comer é um momento agridoce de conexão – um *namaste* de interdependência metabólica.

– A trindade de uma refeição –

Aí está você, aquele que come, aí está a comida e aí está o processo de comer. Aquele que come, os alimentos, o comer – penso nisso como a trindade da refeição. Todos esses três aspectos requerem atenção. Durante todo o tempo, o objetivo deste livro foi o de ajudá-lo a se reconectar com seu corpo, com a mente e com o mundo. Isso também é uma trindade da refeição – apenas definida de maneira diferente. Falando nisso, o meu uso da palavra "trindade" aqui não tem a intenção de ofender nenhuma sensibilidade espiritual; pelo contrário, a intenção é de encorajar essa sensibilidade.

Recentemente, ouvi um comediante citando Mike Tyson ao dizer: "Todo mundo tem um plano até que você lhe dá um soco na cara". Tendo crescido com um pai cujo primeiro trabalho como *ghostwriter* foi escrever em nome de estrelas do boxe soviéticas, como Valeri Popenchenko e Algirdas Shotsikas, recebi então minha cota de conselhos malandros e espertos, e eles geralmente envolviam interrupções de padrão – significando um movimento inesperado. Era essa a intenção das seções deste livro: nocautear suas noções preconcebidas sobre comer. Eu já vi esse plano – o plano de interrupção do padrão – funcionando nas brigas na escola, nos trabalhos de psicologia e na vida em geral. Claro, minhas provocações não são invulneráveis a uma análise profunda. E você pode facilmente encontrar algumas inconsistências de posição. Isso é bom. Afinal, meu objetivo não é fazer sentido por si só, mas desequilibrar seus padrões de pensamentos sobre comer e, assim, ajudá-lo a abrir a mente antes de abrir a boca.

Espero que eu tenha conseguido. Isso foi necessário. Em vez de limpar seu prato, você precisa limpar as teias de aranha sobre a ortodoxia de comer de sua mente. Meu palpite é que você nunca vai pensar em comer da mesma maneira novamente, e é isso que importa. Afinal de contas, até que o tapete de crenças familiares tenha sido puxado debaixo de seus pés, como poderá desfrutar de um piquenique cheio de atenção no colo da exuberante Mãe Natureza? Eu quase posso ouvir o seu suspiro cansado e exasperado, caro leitor: "O que é esse absurdo metafórico que ele está vomitando de novo?". Nada, companheiro, nada. Apenas um murro de despedida no queixo de sua lógica dualista. Bem, eu tenho um último truque na manga. Leia.

capítulo 13

Reinventando as espécies

A vida é transmutação de energia e matéria. O fogo solar transmuta-se no fogo verde dos seres fotossintetizadores. O fogo verde se transmuta no vermelho e no laranja e no amarelo e no púrpura das plantas floridas... O fogo verde fossilizado é acumulado como tesouro secreto no cubículo humano da economia solar... Um ser transumano, uma super-humanidade está surgindo e se tornando parte da sinfonia senciente... A vida hoje se cria sozinha, é um fenômeno fotossintético, planetária em escala. A transmutação química da luz solar tenta se espalhar em sua exuberância e superar a si mesma em crescimento.

— Lynn Margulis e Dorion Sagan, *What Is Life?*

Carl Jung disse certa vez: "Até onde podemos discernir, o único propósito da existência humana é acender uma luz na escuridão da mera existência" (1963, 326). Jung estava sendo literal ou metafórico quando escreveu isso? Essa imagem de uma luz foi uma metáfora para a atenção plena, ou ele estava falando de algo ainda mais profundo? Quem sabe! Em qualquer caso, o pensamento de Jung sobre acender uma luz – com pensamentos semelhantes por outros expoentes – colocou fogo em minha curiosidade há muito tempo. Tudo que comemos é espargido pela energia solar. Em uma maneira de falar, comemos luz.

Este capítulo fala sobre a possibilidade de uma alimentação realmente iluminada. E quando eu digo "comer iluminado", eu quero dizer isso literalmente. Podemos literalmente viver de luz? A fotossíntese humana é uma possibilidade? O modo de você enxergar essa linha de investigação, como lirismo místico, ficção científica ou uma perspectiva científica legítima, é um teste decisivo de seus pontos de vista sobre a natureza da vida e a respeito da vida humana em particular. O objetivo deste capítulo é vislumbrar uma solução para o dilema heterotrófico de ter que matar para conseguir seu sustento. Considerando que a alimentação consciente significa comer de maneira mais humana (tanto em relação a si mesmo quanto em relação aos demais), a ideia de fotossíntese humana é fundamentalmente transumana. Portanto, aperte o cinto enquanto começamos a explorar a possibilidade de reinventar nossa espécie por reinventar nossa relação com a luz. Literalmente.

A samsara da heterotrofia

Quando eu compartilhei a introdução do livro, meu pai ponderou: "Ninguém inventou a roda! Isso somente aconteceu por si mesmo". Embora até hoje eu não tenha certeza se ele falou isso literalmente ou metaforicamente, agora sou capaz de saber qual roda nos faz continuar: a roda de comer. Os budistas falam da *samsara*, ou roda do sofrimento – uma espécie de carrossel infernal de transmutações que continuam acontecendo enquanto tentamos pagar a nossa hipoteca cármica. Embora eu não acredite em reencarnação no sentido literal, entendo que estamos continuamente morrendo e renascendo. Estamos constantemente nos renovando a cada troca metabólica, a cada respiração, a cada vida que tomamos para nos alimentar. A meu ver, a vida é um movimento contínuo de paradas e de ressurgimentos, um contínuo renascer e morrer metabólico. Como tal, a vida é uma roda. De acordo com a visão de mundo budista, essa roda de *samsara* é alimentada pelo desejo. O sofrimento (*dukkha* em Pali) é uma função de sede (*tanha* em Pali). *Tanha* é uma espécie de sede existencial: um desejo incessante, uma busca, uma inquietação e insatisfação e um desejo constante de aperfeiçoar.

Essa sede é o próprio movimento da roda do sofrimento: sem movimento, não existe roda. Sem busca, não há insatisfação. Assim, a roda do sofrimento é, paradoxalmente, alimentada pela nossa incansável busca pelo bem-estar. Queremos sempre mais e, portanto, nunca sentimos que temos o suficiente. Esse é o nosso inferno psicológico. Quando tentamos cair fora dele, continuamos consumindo vidas, continuamos a matar para viver, e, em consequência, continuamos a manter funcionando a nossa dívida cármica. De modo que continuamos voltando, reencarnando (literalmente ou metaforicamente), vez após vez após vez para pagar a dívida de uma vez por meio do merecimento, da compaixão e da bondade. Reencarnar é simplesmente reincorporar essa sede infinita em ainda outro corpo de desejo. O plano de tratamento budista para esse carrossel de sofrimento é abrir mão do desejo, para sair do carrossel de soma zero de vida. Como? Por meio do comportamento de viver em plena consciência.

Duas vias metabólicas, dois caminhos cármicos

A roda da samsara é a roda de comer, é a roda da morte, é a roda do sofrimento, é a roda de viver à custa dos outros, é a roda da heterotrofia. A vida na Terra conhece dois caminhos: viver à custa do sol ou viver à custa dos outros. Como discutido anteriormente, a vida das plantas é autotrófica, isto é, nutricionalmente autossuficiente. Os animais – com os seres humanos incluídos entre eles – são parasitas, predadores e de soma zero (e digo isso com amor, porque nós somos o que somos, nada mais e nada menos). Somos heterotróficos. Nós comemos outros. Nós comemos os autotróficos (a vida vegetal) e comemos outros heterótrofos. O próprio dilema de nossa existência é que temos que matar para viver; temos que destruir para comer. Isso é um carma ruim.

Com a notável exceção de poucas espécies carnívoras, as plantas quase não matam nada. Elas se alimentam do sol. Sua lei cármica de saúde é intocada. Os animais, por outro lado, tiveram que desenvolver um sistema de locomoção para se moverem a fim de saciar a fome e conseguir comida, e de ser comida a procurar comida. Para ajustar mais ainda esse seu projeto de buscas, os animais tiveram que desenvolver um sistema nervoso para melhorar o controle do seu aparelho locomotor, para melhor navegar da fome para a comida e de ser alimento para transformar outros seres em alimento.

Ao contrário das plantas, os animais estão sempre em movimento. Em vez de aceitar a realidade do que é dado pelo ambiente, os animais são cronicamente apanhados no processo de otimização de seu bem-estar. Em suma, como animais, estamos presos nessa gaiola de hamster existencial, sempre inquietos e apanhados na *samsara* do comer.

As plantas, por outro lado, vivem uma existência de aceitação graciosa similar à dos monges. Elas estão literalmente e metaforicamente arraigadas e alicerçadas em qualquer circunstância metabólica em que se vejam apanhadas. Elas nem procuram e nem têm sede. Não precisam meditar; já estão em estado *zazen* ao longo da vida. Elas ficam imóveis, apressando-se para lugar nenhum, ansiando por nada, ocupadas com nada, e crescendo sem esforço. Se você me perguntar, qualquer folha de grama tem mais equanimidade que o Dalai Lama. A vida vegetal é totalmente não neurótica porque não tem nenhuma necessidade desse sistema nervoso que permite chegar a tal estado. As plantas são a vida em sua vida mais livre, literalmente iluminada. Então, se você sempre quis apertar a mão do Dalai Lama, tente abraçar uma árvore.

✓ Tente isto: Abane o carvão verde

Vamos fazer uma pausa por um momento para a contemplação de algo aparentemente banal e inocente e que faz parte da nossa rotina: compras de supermercado. De vez em quando, nós adquirimos um carrinho de compras de destruição. Essa não é uma viagem de culpa; é apenas uma verificação da realidade. Cada ato de comprar hoje assegura que amanhã mais cenouras serão arrancadas do solo e mais lagostas serão fervidas na água quente. Pondo de lado a questão de saber se há realmente essa coisa do assassinato dessas pobres vítimas inocentes pelos homens, destruição é destruição. Esse é o nosso destino heterotrófico, e a compra no supermercado é o modo como damos partida a esse carrossel da *samsara* de viver com a soma zero, com a ajuda de nossos reais, dólares, rublos, euros, yuans, rúpias e tugriks.

Não há opções autotróficas disponíveis para nós... ainda. Mas aqui está o que eu gostaria que você fizesse. Da próxima vez que sair para comprar mantimentos, faça uma pausa no corredor dos produtos e dê um longo olhar encantado nas frutas e legumes que não mataram ninguém e, ainda assim, estão lá para alimentá-lo. Dê uma olhada similarmente longa e demorada nos grãos e nozes que estão prestes a compartilhar com você a sua energia solar armazenada. Veja então se é capaz de transformar a *samsara* de compras de supermercado em um momento de admiração por esses carvões verdes que alimentam nosso fogo existencial.

✓ Tente isto: Rastreie a luz

Lembre-se de que toda energia que há neste planeta é, de uma maneira ou de outra, um produto do sol. Enquanto estiver enchendo o seu carrinho de compras da próxima vez que for ao supermercado, tente acompanhar mentalmente a ligação entre um determinado alimento e o sol. As plantas são, é claro, uma coisa fácil de visualizar. É quase automático vê-las lá fora, sob o sol e absorvendo a energia da luz. Mas com produtos de origem animal isso é um pouco mais difícil. E algo como as proteínas em pó é ainda mais obscuro. Tente, mesmo assim. Refaça os passos da metamorfose bioquímica: o planeta gira, a luz atinge uma folha de grama que brota, essa folha cresce em altura suficiente para ser notada pelas mandíbulas de um bezerro que pasta, o bezerro cresce e vira uma vaca, a vaca torna-se uma quantidade determinada de bifes, os bifes tornam-se o seu corpo, e o seu corpo alimenta a sua mente enquanto você tem esse pensamento. Bam! A energia da luz finalmente chegou a você. Sinta o toque do sol enquanto sua consciência pondera sua própria conexão com ele. Acompanhe a luz em sua comida para conseguir um pouco de autoiluminação.

Não há santos metabólicos

Eu não sou um druida ou um ambientalista, apesar de que, com certeza, já abracei algumas árvores. E não sou um adorador de árvores. Estou bem ciente do fato de que a vida das plantas não é totalmente e do ponto de vista cármico inocente. Sim, há plantas carnívoras, e existem inúmeras espécies de plantas que abriram mão de sua capacidade de fotossíntese e, em vez disso, preferem roubar o seu sustento de outras plantas, suas colegas. Não tenho dúvida de que, se a vida vegetal tiver sua vida ameaçada por baixas condições de luminosidade, ela acabará por encontrar uma maneira de fazer o que os heterotróficos costumam fazer: consumir fontes de energia dos outros. Isso não é surpreendente. Os precedentes do comportamento heterotrófico entre as plantas já estão lá. Em última análise, toda vida – em sua essência – é de soma zero. A vida é fundamentalmente orientada para se perpetuar automaticamente, para se manter sozinha e se cuidar sozinha, ou seja, ela é egocêntrica e egoísta. Para viver, você toma alguma coisa de alguém. As plantas e as árvores não são santos metabólicos, elas só encontraram uma maneira de se virar com muito menos do que nós. Elas comem fótons, ar, água e minerais – presumivelmente elementos inanimados da natureza, não sujeitos ao sofrimento. Mas quem sabe, talvez até mesmo a luz sofra quando é metabolizada em energia. Eu não posso ter certeza disso. Você pode?

Ideias, alguém tem?

Embora literalmente a vida iluminada – que consegue viver sem a necessidade de matar – pareça eticamente e do ponto de vista cármico atraente, eu não quero ser um vegetal. E ainda assim, o estilo de vida devorador dos heterotróficos está comendo muitos de nós. Aqui reside o dilema dos heterotróficos: matar para comer é tão humano, e ainda assim parece algo tão desumano. O que devemos fazer? A involução não é uma opção. Os processos evolutivos costumam demorar muito. No entanto, a engenharia transumana parece ser uma opção viável, teoricamente. A ideia não é tão louca quanto parece. Muitas pessoas – místicos, cientistas e transumanistas – já pensaram sobre a possibilidade de viver da luz.

A iluminação de Mani

Mani, fundador do maniqueísmo, nascido na Pérsia em 216 d.C., tentou sair da roda de *samsara* de soma zero da vida comendo luz, literalmente. De acordo com o polímata Colin Spencer, em seu livro *The Heretic's Feast* (1996), Mani aprendeu sobre o vegetarianismo com os membros da Elcasaitas, uma seita religiosa que "celebrava a Eucaristia com pão sem fermento e água e lavavam a si mesmos e a comida de acordo com certas regras de pureza" (136). Os Elcasaitas acreditavam que "toda a imundícia é do corpo... e você as veste com ela" (137). Essa noção deu a Mani seu projeto ideológico para dividir o mundo em duas substâncias – a matéria e a alma (o espírito ou a consciência) – e postulou que a substância da alma está presa na substância da matéria. Essa foi a base de sua compaixão não qualificada para com todas as formas de vida. Mani teve visões e acreditava que possuía um "gêmeo divino, uma emanação do Jesus da Luz que lhe dava orientação" (137). Pelos padrões da cristandade oficial, Mani era um herege perigoso. Mas essa não é a questão. O que há de interesse é a sua tentativa de superar a nossa heterotrofia. Ao reconhecer a alma em tudo o que é vivo, por acreditar que toda vida viva é sensível, Mani, assim como os jainistas, sentia compaixão por outras formas de vida.

Embora já fosse um vegetariano, "ele não queria colher os frutos e legumes por si mesmo, mas apenas aceitá-los como esmolas... Sangue, segundo ele, escorria dos lugares onde as plantas tinham sido atingidas pela foice: o mundo vegetal gritava com uma voz humana por causa da dor que sentia. Quando tomada pela força para que as tâmaras fossem colhidas, a árvore falava com Mani chamando-o de assassino" (137). O fato de Mani ser altamente empático ou psicótico – ou ambos – é irrelevante. O que importa é que ele tinha razão. A ciência moderna de fato apoia a noção de que as plantas têm vida interior. E por que não? Elas estão vivas, afinal de contas. Toda vida – em sua essência – é sensível a estímulos e tem um desejo de autopreservação.

A dieta "herege" de Mani resultou em sua morte prematura. Ele foi torturado até a morte pelo governo cristão. Mas sua filosofia quanto ao ato de comer também lhe rendeu uma poderosa herança de seguidores que sobreviveram a muitos ensinamentos contemporâneos "heréticos" e persistiu por sete séculos, criando raízes em terras distantes, incluindo a China. "Mani foi um visionário, poeta, artista e missionário", com uma teologia de "surpreendente originalidade" (138). Ele acreditava que "havia uma centelha divina enterrada na matéria deste mundo, envolta em carne e osso do corpo" (138), e tentou libertar essa centelha comendo luz na forma de partículas de luz que haviam sido acumuladas por frutas e legumes que – em seu estilo de comer autotrófico – estão mais perto da luz (do sol) do que nós, os heterotróficos.

Os seguidores de Mani observaram o chamado Selo da Boca, que proibia o consumo de carne, já que "a carne continha menos partículas de luz que as plantas, porque os animais se alimentavam de plantas, e um pouco da luz que haviam ingerido havia escapado deles" (139). Como você vê, Mani, com um bom grau de racionalidade e de bom senso, acreditava que a luz é divina (e, afinal de tudo, ela literalmente sustenta toda atividade de vida que floresce neste planeta); e que as plantas consomem luz, o que as torna um pouco sagradas; e que, se uma pessoa deseja ficar mais iluminada, ela precisa consumir mais luz na forma de partículas de luz armazenadas nas plantas.

Mas, é claro, a abordagem de Mani era mais religião do que ciência. Seus seguidores eram divididos em Eleitos e Ouvintes. Os Eleitos, abstendo-se de carne, consumiam mais luz e era seu trabalho liberar essas partículas de luz por meio de... arrotos. Isso mesmo. E, assim como muitos antes dele, Mani acreditava na reencarnação. Os Eleitos, sendo "almas já repletas de luz" (141), depois de terem literalmente se iluminado pela ingestão de luz, subiam ao Reino da Luz como no nirvana, enquanto que os Ouvintes "tinham que sofrer uma série de reencarnações nos corpos de frutas e vegetais e, eventualmente, nos próprios Eleitos" (140-141).

A vaca sagrada

A experiência de Mani faz certo sentido. Lembre-se do ditado comumente aceito que diz "Você é o que você come". Se essa ideia tem mérito, então esse mérito é para todos os seres. O que as plantas comem? Principalmente luz. Então, se as plantas são o que comem, eles são em grande parte... luz. E quanto aos heterotróficos? Os heterotróficos vegans e vegetarianos comem especialmente plantas, que são principalmente luz. Portanto, um heterotrófico que se alimente de plantas, como uma vaca, é um pouco mais cheio de luz (mais sagrado, mais iluminado) do que um lobo que come vacas. Ora, ora! Mani deve realmente ter tido razão em alguma coisa... Mas não se preocupe, não estou tentando insinuar algum tipo de ética superior nas virtudes do veganismo ou do vegetarianismo. Eu não considero os vegans e os vegetarianos mais santos do que os carnívoros e os onívoros.

Fantasias de independência energética

Como Colin Spencer observou: "No maniqueísmo, pela primeira vez, vemos uma razão nova e bastante diferente para a abstenção de carne. Comparado com o dogma de Pitágoras, que implica o respeito pela outra criatura viva, pois contém uma alma vivente, o maniqueísta [raciocina que] partilhar a carne vai oprimir o espírito... Coma carne e você vai prender o espírito em mais carne" (144). Acho que Mani foi motivado por uma variedade de sentimentos. Formalmente, e oficialmente, ele foi motivado pela busca do bem-estar e pela pureza espiritual. Gostaria de postular que, psicologicamente, ele estava simplesmente absorvido por uma intensa identificação empática com todos os seres vivos e queria encontrar uma maneira de minimizar o sofrimento de todos eles. E em um nível mais global, eu acho que ele, como toda vida, poderia ter desejado descobrir uma maneira de ser metabolicamente independente. Afinal de contas, independência é não precisar de nada do ambiente. Libertar-se da roda de comer é a liberdade da dependência em relação ao meio ambiente. Mas levando em conta esse ponto de vista, nenhum ente vivo é livre. Por mais iluminadas que as plantas possam ser, elas também são dependentes do ambiente. Afinal, uma dependência de luz, ar, água e dos minerais do solo é ainda uma dependência. A vida de uma planta – embora esteja livre de matar o outro – está longe de ter soberania energética.

Mani – O primeiro transumanista

Mani também queria transcender o dualismo autoimposto feito pela mente. Ele queria libertar a mente (luz, espírito, alma, consciência) do corpo (matéria), porque acreditava que a mente e o corpo eram duas substâncias separadas. A meu ver, isso é loucura dualista clássica. Sua consciência não está presa na matéria do seu corpo. Sua consciência (espírito, alma, mente) é uma dimensão interior do corpo material que você é, ou seja, é a subjetividade do objeto. Como tal, não há alma refém para libertar. Mani, a meu ver, ficou preso na perseguição da cauda de sua própria abstração conceitual. Ele estava tentando libertar uma pedra de uma pedra. Isso não pode ser feito. Somos matéria viva, consciente, matéria que respira. E somos uma coleção líquida, sensível e sofredora de minerais (uma visão de Vernadskian da qual compartilho). Nenhuma surpresa aqui: como somos feitos da rocha chamada Terra, não somos nada mais e nada menos do que essa rocha.

Mas o experimento de Mani não foi em vão. Ele reconceituou a iluminação e o entendimento espirituais de um modo mais literal: encorajando-nos a comer mais luz e a aspirar sermos produtores de luz e emissores de luz. Ele desafiou a humanidade a encontrar uma maneira de se alimentar do mesmo modo que as plantas e a compartilhar a luminescência – um objetivo nobre, compassivo e humano e, sem dúvida, o primeiro objetivo transumano registrado. Descanse em paz, sonhador persa, talvez em algum lugar dentro do tronco de um baobá ou no ventre de uma flor de lótus.

✓ Tente isto: Conecte-se com o sol

A vitamina D fornece um precedente metabólico fascinante para a possibilidade de desenvolver capacidades similares às das plantas.

Como você provavelmente sabe, nós, humanos, podemos fabricar a nossa própria vitamina D apenas expondo a pele à luz solar. A vitamina D não é um suplemento trivial. É "um grande jogador em uma equipe de nutrientes e hormônios" que mantém o corpo humano funcionando (Davis e Melina 2000, 133). Por que estou falando sobre isso? Nós, árvores caminhantes, não caminhamos do ponto de vista evolutivo para muito longe das plantas, nossas parentes. Ainda podemos fazer fotossíntese! "Grande coisa", você pode dizer. Você pode até acrescentar: "Só porque nós podemos fazer a fotossíntese da vitamina D isso não significa que se pode realmente viver da luz solar". Talvez ainda não – mas, muito possivelmente, seremos capazes de fazer isso um dia. Por enquanto, procure tomar sol por um ou dois minutos quando tiver a chance – talvez até agora mesmo. Olhe a luz. Conecte-se com ela metabolicamente nem que seja apenas por causa da vitamina D (por hora). Não pelo bronzeado, é claro, mas pelo sabor irresistível da independência metabólica que isso oferece.

Fermentação transumana

Ainda um subterrâneo cultural, o transumanismo é uma agitação gradual de possibilidades técnico-genéticas. Como movimento social, o transumanismo ainda está em fase de fermentação. Do ponto de vista evolutivo, o transumanismo é uma tentativa de evolução autoguiada, um projeto de personalização do corpo para atender às necessidades da mente. Mas o que a mente fundamentalmente precisa do corpo? Um processamento de informações mais rápido seria bom. Um período prolongado de saúde seria bacana. Quem não gostaria de ter pernas mais rápidas, visão mais nítida, ou audição mais aguda? Ei, ter um par de asas não seria nada mal... E por cima de tudo isso, a pele à prova de balas nos protegendo, e aí acho que esse sonho humano de aperfeiçoamento funcional poderia estar completo. Mas não está. Ainda falta a peça fundamental: uma independência metabólica maior. Na verdade, o que as mentes parecem realmente gostar é da soberania. E soberania é sinônimo de maior independência energética. Claro, toda independência metabólica é relativa. Nenhuma vida é, em última análise, independente do seu ambiente.

A meu ver, um projeto transumano de independência metabólica pode tomar um dos dois caminhos gerais: o de fotossíntese humana direta em nível celular (vamos chamá-lo de o caminho do *Homo solaris*) ou o caminho do coelhinho da pilha Energizer. O primeiro é um caminho de modificação genética e, talvez, um aumento cirúrgico ou uma nanoalteração cirúrgica em nível celular. O segundo caminho pode envolver algum tipo de "pele do futuro", uma espécie de projeto de quimera biotecnológica que prevê trocar pedaços de pele por painéis solares elásticos. Os detalhes estão além de mim. Na verdade, é provável que existam soluções que estão além da capacidade de minha imaginação. Mas uma coisa me parece clara: quer motivados por compaixão, quer por autodeterminação, nós iremos – caso tenhamos sorte de sobreviver como civilização – buscar uma maior autonomia energética numa base individual.

Pode haver uma tendência de ver o transumanismo como a perda da humanidade. De fato, pode ser mesmo. Mas também é possível visualizar o transumanismo como uma amplificação da humanidade – como a extensão de nossa essência e uma libertação do que é melhor em nós, levando em conta nossa bagagem evolutiva. Entenda que a mudança na forma não é a mesma coisa da mudança na essência. Você – o próprio que está lendo isso – nunca sequer foi o mesmo. Você está evoluindo a cada movimento de seus olhos, a cada inspiração de ar que dá, a cada nova exposição às informações. Você é um ser em progresso, transcendendo a sua forma humana a cada quilo que ganha ou perde, a cada corte de cabelo e a cada novo cabelo grisalho, embora você permaneça para sempre humano na sua essência. A meu ver, não precisamos temer a evolução, quer ela ocorra naturalmente, quer por meio de uma iniciativa nossa.

A vida reinventando a si mesma

Em seu livro *Biospheres,* Dorion Sagan diz: "Nós mesmos somos uma tecnologia" (1990, 129). A vida é um processo de constante reinvenção. E a vida está reinventando a fotossíntese enquanto estamos aqui conversando. Em 2008, os microbiologistas russos Ekaterina Dadachova e Arturo Casadevall disseram ter descoberto um fungo no interior do reator de Chernobyl enterrado, o qual desenvolveu a capacidade de transformar a radiação gama em uma fonte de alimento. O *World Time News Report* de 2007 relatou:

> Os fungos parecem usar a melanina, um produto químico encontrado na pele humana também, da mesma maneira como as plantas usam clorofila. Casadevall e seus coinvestigadores, então, se prepararam para realizar uma grande variedade de testes... "Assim como o pigmento clorofila converte luz solar em energia química, que permite às plantas verdes sobreviver e crescer, nossa pesquisa sugere que a melanina pode usar uma parte diferente do espectro eletromagnético – radiação ionizante – para beneficiar os fungos que a contém", disse a coinvestigadora Ekaterina Dadachova. Curiosamente, a melanina dos fungos não é diferente quimicamente da melanina da nossa pele, levando Casadevall a especular que a melanina poderia estar fornecendo energia para as células da pele.

A vida está se reinventando não apenas no reino dos fungos, mas mesmo em nossos parentes do reino animal. Na verdade, Lynn Margulis e Dorion Sagan relataram que várias espécies animais adquiriram a capacidade de fotossíntese, incluindo algumas espécies de lesmas do mar (2002, 13):

> Lesmas, os moluscos sem concha que vivem comendo as plantas de seu jardim, têm parentes fotossintéticos inteiramente verdes. Os ancestrais dessas lesmas podem ter comido, mas não digerido, certas algas verdes que anos atrás entraram nos tecidos do animal – e lá ficaram. Todos os membros dessas espécies (por exemplo, *Elysia viridis*) são sempre verdes. Essas lesmas subaquáticas não precisam procurar comida. Ao contrário, rastejam para perto da costa. Nunca se alimentam durante toda a sua vida adulta. As lesmas, animais verdes recém-evoluídos, agora tomam banho de sol do mesmo jeito como as plantas tomam sol... Quatro ou cinco vezes, pelo menos, diferentes linhagens de animais verdes têm sido documentadas em vídeos e artigos científicos.

Homo photosyntheticus: Além da boca

Ao contemplarmos a fotossíntese humana, percebemos que não estamos discutindo o futuro; nós estamos discutindo nosso passado. A vida inventou a fotossíntese não uma, mas muitas e muitas vezes. A fotossíntese está em bancos de memória da vida. Nós simplesmente precisamos encontrar uma maneira de geneticamente recordar esse segredo metabólico esquecido. As chances são de que isso não virá por meio da introspecção meditativa (embora tais casos tenham sido reivindicados). É mais provável que venhamos a ter que engolir algum tipo de pílula ou um punhado de nanorrobôs que se autoduplicam e que permitirão que a nossa melatonina possa funcionar como uma clorofila que produz energia, uma célula de cada vez. E séculos, se não milênios, podem se passar antes de podermos equipar os seres humanos com a fotossíntese. Mas a ideia é que isso parece, pelo menos teoricamente, possível. Se a vida do nível de um fungo foi capaz de descobrir como viver da radiação usando nada mais do que a inteligência de seus genes, por que nós não poderíamos realizar algo similar? Não há nenhuma razão para que não possamos. Como posso reivindicar isso? Mais uma vez, a vida fez e está fazendo isso, e nós somos... a vida. Nós somos a mesma tecnologia de evolução, de autocrescimento e de autoaperfeiçoamento. Como vida, estamos literalmente no negócio de mudança. No jargão dos antropólogos, "a evolução tecno-orgânica" está sob o nosso poder (Schick e Toth 1993, 314).

Séculos se passaram desde os dias de Mani, mas o *meme* (letra hebraica) da fotossíntese humana não desapareceu. Vamos dar uma olhada no que eu chamo de visão Margulis-Sagan do *Homo photosyntheticus*. Quem são esses dois, que citei tantas vezes ao longo deste livro? Lynn Margulis, aclamada bióloga, foi professora no Departamento de Geociências da Universidade de Massachusetts, em Amherst, e recebeu a Medalha Nacional de Ciência de 1999. Ela escreveu mais de uma centena de artigos e uma dúzia de livros. Dorion Sagan, filho de Lynn Margulis e do astrofísico Carl Sagan, é um renomado escritor científico e autor ou coautor de mais de vinte livros e recebeu prêmios por excelência em jornalismo. Esperemos que essas credenciais garantam que as ideias que eles oferecem são mais do que voos de fantasia. Aqui estão alguns trechos dessa dupla dinâmica do pensamento sobre o tema da fotossíntese humana. Lembre-se: a visão deles sobre o assunto é meio irônica, mas, levando em conta a fonte, merece consideração:

Os humanos do futuro podem até ser verdes, como um produto da simbiose... A evolução já testemunhou alianças nutricionais entre organismos famintos e a luz do sol, bactérias autossuficientes ou algas. *Mastigias*, uma medusa do Oceano Pacífico... ajuda seus parceiros fotossintéticos nadando em direção às áreas de luz mais intensa. Eles, em troca, a mantém bem alimentada. Isso poderia acontecer com o nosso *Homo photosyntheticus*, uma espécie de vegetariano definitivo que já não come, mas vive de alimentos produzidos pelas algas que nascem do seu couro cabeludo. Nossos descendentes *Homo photosyntheticus* podem, com o tempo, tender a perder a boca, tornando-se translúcidos, preguiçosos e sedentários. A alga simbiótica [que faz a fotossíntese] do *Homo photosyntheticus* pode, eventualmente, encontrar o caminho para as células germinais humanas. Elas invadirão primeiramente os testículos e de lá entrarão nas células espermáticas enquanto são produzidas... Acompanhando o esperma durante o acasalamento, e talvez até mesmo entrando nos óvulos das mulheres, as algas – como uma doença venérea benevolente – poderiam garantir a sua sobrevivência nos tecidos quentes e úmidos dos humanos.

O que é significativo é que a "ecologização" dos seres humanos pode não ter de ser feita cirurgicamente. Pode acontecer como uma forma de ocorrência natural da evolução simbiótica. No entanto, supondo que o *Homo photosyntheticus* possa ser de fato uma eventual possibilidade, a espécie não precisa perder a sua boca. Tendo em conta que nesse futuro distante provavelmente ainda vai precisar de boca para se comunicar, sempre podemos mantê-la funcionando com uma goma de mascar. Também não precisamos ser preguiçosos ou sedentários, como Margulis e Sagan imaginaram. Já se documentou que o bambu – que só se alimenta da fotossíntese – cresceu quase um metro em um período de apenas vinte e quatro horas. Quer dizer, certamente podemos aprender a controlar nossos movimentos, conforme se fizer necessário.

Continuando a expor as possibilidades, Margulis e Sagan disseram: "Nós podemos nos imaginar como futuras formas de pessoas combinadas proteticamente, com talvez apenas o nosso delicadamente dissecado sistema nervoso acoplado a membros de plástico e alavancas conduzidos eletronicamente, deixando o poder de tomada de decisões para as funções de construir naves espaciais" (100). Isso pode soar como ficção científica, mas não é. Lembre-se da discussão da obesidade no capítulo 11. Em um sentido mais básico, não somos o nosso corpo; nós somos a rede neural distribuída que dirige o maquinário biológico de locomoção e produção de energia.

A visão de "um sistema nervoso delicadamente dissecado" que é "combinado proteticamente" para deixar a tomada de decisões para as máquinas já está em processo de se tornar realidade. Avanços médicos recentes, decorrentes principalmente da medicina militar e que fazem fronteira com o aumento dos membros por meio de cirurgia plástica, produziram melhorias notáveis em próteses neurais e tecnológicas. Nós já aprendemos a conectar os fios e os nervos. Se imaginarmos a nós mesmos como sistemas nervosos conectados em máquinas com fontes de alimentação fotoelétricas, estaremos vendo uma visão ciborgue de nosso *Homo photosyntheticus*. Se isso é mais ou menos humano não depende da forma que assumimos, mas sim de como podemos utilizar a nossa essência – como aplicamos a nossa humanidade.

Pergunte à maioria das pessoas sobre o que elas pensam que são em sua essência, e você provavelmente vai ouvir palavras como "espírito", "consciência" e "energia". Quando você se despe de papéis e circunstâncias inconsequentes e olha para o fundamento do seu ser, realmente não verá a carne; o que você vê é uma autoconsciência efêmera, uma nebulosa de presença, talvez uma luz da consciência. Sendo feitos de estrelas, não é de admirar que a nossa essência brilhe dentro de nós. Como o transcendentalista Ralph Waldo Emerson observou: "Vinda de dentro ou do fundo, uma luz que se origina de nós brilha sobre as coisas e nos faz perceber que nada somos, mas a luz é tudo" (1876, 216). Conversas esclarecedoras, informação esclarecedora, visões, percepções – se vemos, então deve haver uma fonte de luz. E nós, mesmo com os olhos fechados, ficamos sonhando e sonhando com tais imagens vívidas, sem qualquer luz de verdade se derramando dos nossos sentidos. "A luz é invisível, no entanto, permite-nos ver", escreveu o filósofo Gregory Sams, acrescentando: "A luz dá forma e conteúdo para o mundo vegetal, mas ela em si não tem nenhuma propriedade física ou estrutura" (2009, 119).

Poderia então a luz dar sustento ininterrupto e descomprometido ao nosso mundo animal um dia? Possivelmente. Afinal de contas, no topo dessa terceira rocha a contar do sol já estamos nos movendo pelo espaço, literalmente. Como não somos corpos celestes em miniatura em nosso próprio direito? Todo esse palavreado de viver só com a ajuda da luz é uma conversa que dificilmente pode ser considerada absurda, quando você pensa no fato básico de que nós mesmos somos nada além de restos metabólicos do sol. Em *Dirt: The Ecstatic Skin of the Earth*, William Logan escreveu: "Tudo quer sair. Tudo quer ver o sol" (1995, 54). Ele está certo. Nós ansiamos por ver a face original de nossas origens – seja de dentro ou de fora. Dominar a fotossíntese humana é ainda outro caminho.

O *Homo solaris* não precisa de barriga

Como Mani, que viveu quase dois mil anos atrás, e muitos outros que consideraram a possibilidade de viver da luz do sol, nestes meus escritos estou apenas sugerindo uma direção, um vetor para a evolução transumana do ato de comer. Para mim, pessoalmente, esses são pensamentos que fluem de um lugar de compaixão. Mesmo quando faço o melhor para manter meu próprio assassinato e minha pegada quanto à alimentação a um realismo mínimo possível, continuo perturbado com o fato persistente de que comer é matar. Essa inevitabilidade heterotrófica está me devorando por dentro. Literalmente me comendo vivo. Afinal, cada ato de consumo é uma boca cheia de radicais livres. Os alimentos não apenas nos sustentam, eles também nos matam. Isso é tanto um paradoxo quanto um dilema: nós temos que comer para viver, só que essa comida nos mata! É um paradoxo em muitos níveis. Temos que comer para viver, e comer é matar. Ao comer a Terra, estamos matando a Terra e também nos tornando a própria Terra que matamos e comemos. O *Homo solaris*, verdadeiramente uma árvore com o poder de locomoção, será esperançosamente livre dessa *samsara* ética.

Quebrando a roda do ourobouros

O ourobouros é um símbolo antigo de uma cobra comendo a própria cauda. Assim como o *enso*, o ourobouros é um círculo. É também uma roda destrutiva de alimentação e um símbolo de nossa condição imposta pela *samsara*. Somos a Terra comendo a si mesma, e com o nosso apetite desses dias modernos, estamos nos devorando como civilização. O ato de se alimentar de maneira consciente e compassiva, e abordagens como o "locavorismo" (que recomenda o uso de produtos cultivados no próprio local), o movimento de se comer devagar, e a tecnologia verde são importantes, mas são apenas soluções parciais. A fim de quebrar a roda do ourobouros para valer, estrategicamente e não apenas taticamente, temos que descobrir como viver da luz. Nós não temos nenhuma opção: mesmo o sol, como fonte de luz, tem uma data de validade. As espécies que, eventualmente, possamos vir a nos tornar terão que ser verdes – não necessariamente em pigmento, mas com relação às nossas vias metabólicas individuais. As razões são inúmeras: para salvar nossos companheiros, seres vivos, desse abate sem sentido, para salvar a Terra da nossa exploração irracional, para nos libertar de nossa situação heterotrófica, e, no longo prazo, de modo que não sejamos obrigados a arrastar um monte de biodomos de produção de alimentos enquanto nos mudamos para uma nova coordenada do espaço.

Além da comida, além do dinheiro

Dostoiévski descreveu uma vez o dinheiro como sendo a "liberdade cunhada" (1915, 16). Na verdade, o dinheiro é a independência. Mas o que é o dinheiro? Todo dinheiro é redutível a uma única e mesma moeda: a energia. Isso é o que flui ao longo do nosso corpo, o que nos move e nos motiva. O dinheiro energiza porque o dinheiro é energia. O dólar americano é uma folha simbólica da vida: ele começa como uma cédula de banco de fotossíntese que depois é metabolizada diversas vezes por meio do moinho da *samsara* de reencarnações metabólicas, até que ela se transforma em uma folha viva de valor informativo e simbólico que é resgatável por energia. A moeda é, literalmente, uma corrente – uma corrente de comércio de energia. Como tal, o dinheiro é uma invenção fundamentalmente heterotrófica. O dinheiro é uma troca de calorias emprestadas por aqueles que não as produzem, em primeiro lugar. Os seres autótrofos, os geradores de energia, não têm necessidade de dinheiro. As plantas, ao contrário dos animais, são fundamentalmente e inalienavelmente democráticas e independentes de energia. Cada folha de grama tem mais soberania do que qualquer nação humana. Uma folha de grama não depende de nada para suas necessidades metabólicas, exceto de sol abundante, ar, água e minerais. Cada folha de grama é um domínio em si mesma. Ela não precisa pedir, implorar, comprar ou comercializar. Ela é soberana.

E assim deve ser o *Homo solaris*. Dependente de sol, ar, água e minerais para as necessidades fisiológicas, o *Homo solaris* estará além do dinheiro e, portanto, além da corrupção do dinheiro e, portanto, será fundamentalmente soberano e inalienavelmente livre.

Em seu livro *Life: A Natural History of the First Four Billion Years of Life on Earth*, Richard Fortey relembra daquele Éden fotossintético dos tempos pré-cambrianos: "A celularidade tornou-se uma cadeia alimentar, a necessidade de devorar começou, e a voracidade nunca desapareceu. Se houver um momento na história da humanidade no qual a famosa frase de Tennyson 'A natureza, vermelha em dentes e garras' pode ser aplicada pela primeira vez, deve ser esse... A era da passividade fotossintética e da convivência pacífica... tinha passado da Terra, e a hierarquia do poder nunca foi esquecida posteriormente" (1998, 92-93). Ele está absolutamente certo: a heterotrofia é fundamentalmente hierárquica. A fotossíntese humana, por meio de uma "evolução tecno-orgânica", não tem de significar passividade, pelo menos não da maneira como eu vejo, mas certamente pode significar uma coexistência pacífica. Essa fotossíntese humana iria capacitar cada indivíduo por intermédio da posse de um meio independente de produção de energia. A civilização dos indivíduos metabolicamente independentes é uma democracia nata.

Indigestão existencial

A mente evoluiu com base na busca de nutrição, dessa *samsara* de aquisição de alimentos e do medo de se tornar alimento. Assim, a mente está vinculada à roda da *samsara* como um feixe de latas vazias penduradas num carro com um cartaz de "Recém-casados". Embora o *Homo solaris* venha a estar além da comida, a espécie não vai escapar de uma indigestão existencial. Essa roda da mente – a roda do ser, a roda da existência, a roda da senciência – não pode ser "desinventada" porque nunca realmente foi inventada. A meu ver, essa roda interna de inquietação é a dimensão consciente da matéria. Não é uma substância separada, como Mani pensava, mas uma *tanha* embutida da matéria, uma sede embutida, uma inquietação embutida.

Em nossa atual encarnação como espécie, nós costumamos nos engasgar com comida e sofrer de indigestão gástrica. Mas, mesmo que de algum maneira consigamos nos desatar desse carrossel de alimentação descontrolada, ainda vamos continuar a engasgar com a informação que alimenta nossa consciência. Vamos continuar a ruminar e a regurgitar a experiência de vida que não conseguimos engolir e que ainda não estamos prontos a digerir. A roda da refeição, a roda do processamento de informação, o ciclo de digestão do nosso metabolismo psicofísico continuará a girar, de um modo ou de outro. A vida é uma roda, um ciclo, uma circularidade que se autossustenta. Como tal, ela não tem escolha senão continuar a girar, a intercambiar-se metabolicamente com seu ambiente e seu entorno, a girar em torno do próprio eixo. E embora essa roda possa ser retardada, lubrificada para girar de maneira mais suave, e reconstruída para melhor absorver os choques, ela, entretanto, continuará girando, como toda a matéria viva faz. Enquanto existir matéria, continuará a existir vida. Matéria e vida, assim como corpo e mente, são nada mais do que duas palavras que se referem a uma e mesma roda do que é.

Ao contrário do cânone budista, eu pessoalmente não vejo nenhum problema com essa sede existencial embutida (*tanha*). Essa angústia sem fim é parte da beleza de tudo o que é. Essa sede existencial e a indigestão vivente perpétua são uma fonte de motivação e, portanto, uma fonte de mudança – talvez até mesmo a origem da causalidade cósmica. A meu ver, é essa busca constante que mantém a roda do Universo agitando-se e girando, girando e evoluindo. A matéria sempre foi inquieta, está inquieta agora, e, penso eu, continuará sempre inquieta, de uma maneira ou de outra. Não há necessidade de fugir dessa inquietação. Nós *somos* essa inquietação. Não podemos fugir de nós mesmos. Aceite essa inquietação como uma condição existencial essencial, uma condição necessária para nossa existência. Se não houver nenhuma roda, não haverá vida.

Viver é depender

Como você deve se lembrar, abri o livro com uma vinheta sobre o meu pai, cujo lugar de escrita favorito era na mesa da cozinha, "porque o sol é muito bom aqui". O metabolismo fotossintético, como a criatividade na escrita de meu pai, irá, é claro, permanecer à mercê da luz. Sem luz, não há energia. Assim, mesmo que nós, como espécie, consigamos anatomicamente internalizar a fotossíntese, ainda vamos precisar de algum tipo de suplemento de energia quando o sol estiver fora de vista. À medida que buscarmos a fotossíntese humana, será essencial que continuemos a ser uma plataforma de combustível flexível, capazes de fazer a fotossíntese e, caso necessário, a boa e velha maneira de comer. Comer é – e continuará sendo, durante séculos, se não milênios – uma solução de energia de baixa tecnologia, na ausência da luz solar.

Mas o ponto mais importante é que, em última análise, não há independência metabólica neste Universo. O que quer que viva e exista depende metabolicamente de seu ambiente para alguma coisa. Mesmo os seres autótrofos não são verdadeiramente independentes. Só porque uma planta não tem que matar para viver não significa que seja verdadeiramente independente de energia. Embora seja autossuficiente no nome, a vida das plantas depende do sol, do ar, da água e dos minerais. A independência metabólica, em qualquer forma, simplesmente não é uma opção cósmica. Viver é depender. A dependência imatura vem com ressentimento, rebelião e ingratidão sem sentido. Mas a dependência madura vem com humildade, atenção plena e graça.

Conclusão: Reinventar a alimentação reinventa a mente

Espero que este livro tenha ajudado você a viajar para algum território novo em sua mente. Espero que você, e toda a civilização, um dia viajem para o próximo nível de existência com compaixão, com soma zero ao mínimo e para uma existência quase autotrófica. Eu não sei quanto a vocês, mas para mim sempre fez sentido que a humanidade não é uma questão de corpo, mas uma questão de mente. Nós não temos que reinventar nossos corpos para nos reinventar como espécie. Não temos que esperar séculos pelas descobertas transumanas. Nós não temos que esperar pela fotossíntese humana tecnologicamente implantada para começar a nos reinventar. Ao reinventarmos a refeição psicologicamente, eticamente, espiritualmente, e na maneira de nos comportar, podemos nos reinventar como espécie e começar a reverter nossas ruinosas geopolíticas de ganhar-perder.

conclusão

A sapiência do comer

*Você é uma incrível máquina de transmutação. Você
é capaz de ingerir cenouras, doces, feijão cozido,
pão, ameixas, mingau, hambúrguer ou arenques – e
transformá-los todos em energia para qualquer parte do
corpo que necessitá-los. A cenoura absorve luz, ar, água e
terra e converte tudo isso num legume crocante, pontudo,
de cor alaranjada, e você transforma essa cenoura em um
ser humano que se movimenta, inteligente e visionário.
Que mundo maravilhoso!*

— Gregory Sams, *Sun of gOd*

A grande roda da alimentação continua girando, muitas vezes
impensadamente, sem muita supervisão do nosso lobo frontal,
pelo menos enquanto houver vida no planeta. Nossa história
de evolução coletiva é uma rotina monótona de sobreviven-
cia. A vida tem estado nesse negócio de inventar e reinventar
novos ciclos metabólicos, com formas de vida que encontram
sustento nos detritos deixados pelos outros, aprendendo como
espremer cada pedaço de energia para fora de seu ambiente,

escalando a pirâmide da economia solar por meio da concorrência predatória, e também trabalhando energias simbióticas confiáveis e que sejam mutuamente benéficas.

Nós, animais humanos, somos a primeira espécie a falar sobre a ética de nos alimentar de outras formas de vida, nossas companheiras. Somos os primeiros a escrever livros sobre alimentação consciente. E nós somos os primeiros a sonhar com a independência energética (por mais relativa que essa independência possa ser, em última análise). Embora certamente estejamos presos ao ciclo heterotrófico do consumo de perdas e ganhos, não estamos presos em um círculo vicioso. Em vez disso, como o filósofo e psicólogo John Dewey sustenta, nós podemos "atravessar uma espiral em cada um dos costumes sociais que podem gerar a consciência das interdependências [de costumes e hábitos culturais individuais], e essa consciência é incorporada em atos que, ao melhorar o meio ambiente, podem gerar novas percepções de laços sociais, e assim por diante para sempre" (como citado em Sullivan 2001, 37). Este livro foi uma tentativa de fazer exatamente isso: gerar consciência de nossa interdependência por meio de uma alimentação consciente.

O paradigma da nova alimentação é realmente uma ioga do comer disfarçado. É uma tentativa de reunir a comida, aquele que come e o ato de comer em um todo holístico. É uma tentativa de ampliar a definição de "alimento" para incluir tanto a nutrição para o corpo quanto a nutrição para a mente. É uma tentativa de reduzir o consumo excessivo desnecessário que está nos matando e exterminando nossos companheiros, seres vivos, ao carregar previamente a plenitude e a saciedade com a respiração e a plenitude do momento (ou seja, atenção plena, a mente em sua plenitude). O novo paradigma da refeição é uma tentativa de desacelerar a roda da alimentação e começar a mudar nossas prioridades existenciais do consumo excessivo irracional para a coexperiência consciente. O novo paradigma da refeição é uma reorientação psicológica que, esperamos, venha a culminar em uma reinvenção das espécies que irá libertar-nos da nossa situação heterotrófica e nos permitir ir além da corrupção do dinheiro, em direção à quase autonomia autotrófica do *Homo solaris*.

Em conclusão, considere a seguinte imagem: há uma tradição budista em que os peregrinos viajam mais de 4.000 quilômetros na Rota do Chá a pé. Eles fazem essa peregrinação por mais de vinte cadeias de montanhas, cruzam dois desertos e quatro grandes rios e levam cerca de seis meses. Mas os peregrinos não caminham simplesmente pela rota; eles medem o caminho com o comprimento do próprio corpo. Eles se abaixam e se prostram de frente para tocar – em reverência – o chão, o solo que eles atravessam. Então, levantam-se e caminham apenas a distância que seus braços esticados alcançam, e então param para se ajoelhar e se prostrar novamente. Na verdade, os peregrinos mais rastejam do que caminham. Vestidos com longas túnicas, fazem essa jornada durante semanas, cobrindo tanto terreno quanto possível em um determinado dia, nessa meditação de joelhos e deitados, e então acampam à noite. Eles persistem com a chuva e com a luz do sol, pela lama e pela poeira, na bem-aventurança e na fadiga, mas durante todo o tempo estão espiritualmente em contato com o solo por onde caminham.

Comer é exatamente assim. Abra sua mente antes de abrir a boca. Cada mordida é um beijo de realidade, e cada bocado é um passo nesse caminho da vida. Cada sabor é um sabor da Terra. Reconheça, peregrino da existência, que você está comendo a Terra e se tornando a Terra em um e no mesmo passo de comer. Vá mais devagar para poder notar o chão por onde pisa e notar aquele que está pisando, a comida que está comendo e aquele que está comendo. E veja que não há diferença.

Eu quero deixá-lo com um conjunto de quatro pontos que descrevem uma "visão radical do futuro" como previsto pelo filósofo Sam Keen em seu livro *Fire in the Belly* (1991, 119):

1. A nova vocação humana é curar a Terra.
2. Só podemos curar o que amamos.
3. Só podemos amar aquilo que conhecemos.
4. Só podemos conhecer aquilo que tocamos.

Sam Keen não estava escrevendo sobre comer quando escreveu isso. Pelo menos, eu não acho. Mas ele poderia muito bem ter feito isso. Porque comer é conhecer, é tocar, é amar, é curar a Terra que somos nós mesmos. Feitos de Terra, somos a Terra. Ao comer, estamos comendo a Terra e nos tornando a Terra – espero, com amor e autoconhecimento e intimamente em contato com a realidade de nossa autotransformação contínua e criativa. Essa é a sapiência de uma alimentação consciente! Vamos fazer com que o comer consciente seja nossa nova vocação, você e eu, que somos Terra comendo Terra.

Para finalizar, um sentimento poético:

O que você está comendo, Onívoro da Consciência?
Tudo?
Você já provou de tudo, menos o sentido do Eu?
Essa realidade que você deseja ardentemente
é apenas uma ideia subjetiva de referência.
Ilumine a sua transparência:
Repleto de tudo, você não é mais do que um estado de fome.

referências

Altman, D. 1999. *Art of the Inner Meal: Eating as a Spiritual Path*. New York: HarperCollins.

Associated Press. 2006. Man Claims New World Record for Fasting. 16 de outubro.

Austin, J. 1999. *Zen and the Brain: Toward an Understanding of Meditation and Consciousness*. Cambridge, MA: MIT Press.

Benson, H., e W. Proctor. 2010. *Relaxation Revolution: Enhancing Your Personal Health through the Science and Genetics of Mind- Body Healing*. New York: Scribner.

Brown, S., com C. Vaughan. 2009. *Play: How It Shapes the Brain, Opens the Imagination, and Invigorates the Soul*. New York: Penguin.

Bryan, N. S., e J. Zand, com B. Gottleib. 2010. *The Nitric Oxide (NO) Solution: How to Boost the Body's Miracle Molecule to Prevent and Reverse Chronic Disease*. Austin, TX: Neogenis.

Buettner, D. 2008. *The Blue Zones: Lessons for Living Longer from the People Who've Lived the Longest*. Washington, DC: National Geographic.

Buteyko, K. P. 1977. Carbon Dioxide Theory and a New Method for Treatment and Prevention of Disease of the Respiratory System, Cardiovascular System, Nervous System, and Some Other Diseases [em russo]. Palestra na Moscow State University, 9 de dezembro de 1969, Science and life [Nayka i Zhizn], outubro de 1977, Moscou, Rússia.

Capra, F. 1997. *The Web of Life: A New Scientific Understanding of Living Systems.* New York: Anchor Books.

Center for Mindful Eating. 2011. Welcome to the Center for Mindful Eating. www.tcme.org. Acesso: 24 nov. 2011.

Craighead, L. 2006. *The Appetite Awareness Workbook: How to Listen to Your Body and Overcome Bingeing, Overeating, and Obsession with Food.* Oakland, CA: New Harbinger.

Dadachova, E., e A. Casadevall. 2008. Ionizing Radiation: How Fungi Cope, Adapt, and Exploit with the Help of Melanin. *Current Opinion in Microbiology* 11(6):525– 531.

Davis, B., e V. Melina. 2000. Becoming Vegan: *The Complete Guide to Adopting a Healthy Plant- Based Diet.* Summertown, TN: Book Publishing Company.

Davy, B. M., E. A. Dennis, A. L. Dengo, e K. P. Davy. 2008. Water Consumption Reduces Energy Intake at a Breakfast Meal in Obese Older Adults. *Journal of the American Dietetic Association* 108(7):1236–1239.

De Nicolas, A. T. 1976. *Meditations through the Rg Veda: Four-Dimensional Man.* York Beach, ME: Nicolas-Hays.

Diamond, J. 1987. The Worst Mistake in the History of the Human Race. *Discover,* maio, 64–66.

Dostoyevsky, F. 1915. *The House of the Dead: A Novel in Two Parts.* New York: Macmillan.

Downer, R. 1991. *Lifesense: Our Lives through Animal Eyes.* London: BBC Books.

Dunn, R. R. 2009. *Every Living Thing: Man's Obsessive Quest to Catalog Life, from Nanobacteria to New Monkeys.* New York: HarperCollins.

Emerson, R. W. 1876. *The Works of Ralph Waldo Emerson. Vol. 1. Essays, First and Second Series.* Boston: Houghton, Osgood, and Company.

Fillmore, C. 1999. *Keep a True Lent.* Unity Village, MO: Unity School of Christianity.

Finkel, M. 2009. The Hadza. *National Geographic* 216(6):94–119.

Fortey, R. 1998. *Life: A Natural History of the First Four Billion Years of Life on Earth.* New York: Alfred A. Knopf.

Forty, S. 2003. *Symbols.* San Diego, CA: Thunder Bay Press.

Fuhrman, J. 1995. *Fasting and Eating for Health.* New York: St. Martin's.

Gandhi, M. K. 1999. *An Autobiography or the Story of My Experiments with Truth*. Ahmedabad, India: Navajivan.

Gerard, R. W. 1961. *Unresting Cells*. New York: Harper.

Haberman, D. L. 1994. *Journey through the Twelve Forests: An Encounter with Krishna*. New York: Oxford University Press.

Hirsch, A. R. 1998. *Scentsational Weight Loss*. New York: Fireside.

Hochsmann, H., e Y. Guorong (trans.). 2007. *Zhuangzi*. New York: Longman.

Ignarro, L. J. 2005. *NO More Heart Disease: How Nitric Oxide Can Prevent–Even Reverse–Heart Disease and Strokes*. New York: St. Martin's Press.

Jones, S. 1993. *The Language of Genes: Solving the Mysteries of Our Genetic Past, Present, and Future*. New York: Anchor Books.

Jung, C. 1963. *Memories, Dreams, Reflections*. New York: Pantheon.

Kabat- Zinn, J. 1990. *Full Catastrophe Living: Using the Wisdom of Your Body and Mind to Face Stress, Pain, and Illness*. New York: Delta.

Keen, S. 1991. *Fire in the Belly: On Being a Man*. New York: Bantam.

Krishnamurti, J. 1977. *Commentaries on Living: Third Series*. New York: Harper.

Krishnamurti, J. 2006. *Commentaries on Living: First Series*. Wheaton, IL: Theosophical Publishing House.

Kurlansky, M. 2002. *Salt: A World History*. New York: Penguin Books.

La Barre, W. 1954. *The Human Animal*. Chicago: University of Chicago Press.

Lawrie, A. 1998. Eating Glass. *Granta* 62:239–247.

Levy, J. 2004. *Universe in Your Pocket: 3,999 Essential Facts*. New York: Barnes & Noble.

Logan, W. B. 1995. *Dirt: The Ecstatic Skin of the Earth*. New York: Riverhead Books.

Margulis, L., e D. Sagan. 1995. *What Is Life?* Berkeley: University of California Press.

Margulis, L., e D. Sagan. 2001. Sentient Symphony. In *The Nature of Life: Readings in Biology*. Chicago: Great Books Foundation.

Margulis, L., e D. Sagan. 2002. *Acquiring Genomes: A Theory of the Origin of Species*. New York: Basic Books.

Margulis, L., e D. Sagan. 2007. *Dazzle Gradually: Reflections on the Nature of Nature*. White River Junction, VT: Sciencewriters Books.

McGlothin, P., e M. Averill. 2008. *The CR Way: Using the Secrets of Calorie Restriction for a Longer, Healthier Life.* New York: HarperCollins.

Ming- Dao, Deng. 1992. *365 Tao: Daily Meditations.* New York: HarperOne.

Moussaieff Masson, J. 2009. *The Face on Your Plate: The Truth about Food.* New York: W. W. Norton.

Nhat Hanh, T. 1993. *The Blooming of a Lotus: Guided Meditations for Achieving the Miracle of Mindfulness.* Boston: Beacon Press.

Nilsson, L. 1990. *A Child Is Born.* New York: Dell.

Norbu, C. 2006. *Dzogchen Teachings.* Ithaca, NY: Snow Lion.

Radhakrishnan, S., e C. A. Moore (eds.). 1973. *A Source Book in Indian Philosophy.* Princeton, NJ: Princeton University Press.

Ramanujan, A. K. (trans.). 1973. *Speaking of Siva.* New York: Penguin.

Reader's Digest. 2002. *The Stomach and Digestive System.* Pleasantville, NY: Reader's Digest.

Roche, L. 2001. *Breath Taking: Lessons in Breathing.* Emmaus, PA: Rodale Press.

Sagan, D. 1990. *Biospheres: Metamorphosis of Planet Earth*. New York: Bantam Books.

Sagan, D., e L. Margulis. 1993. God, Gaia, and Biophilia. In *The Biophilia Hypothesis*, ed., S. R. Kellert e E. O. Wilson. Washington, DC: Island Press.

Sams, G. 2009. *Sun of gOd: Discover the Self-Organizing Consciousness That Underlies Everything*. San Francisco: Red Wheel/Weiser.

Sayadi, R., e J. Herskowitz. 2010. *Swallow Safely: How Swallowing Problems Threaten the Elderly and Others*. Natick, MA: Inside/ Outside Press.

Schick K., e N. Toth. 1993. *Making Silent Stones Speak: Human Evolution and the Dawn of Technology*. New York: Touchstone.

Schulberg, L. 1968. *Historic India*. New York: Time-Life Books.

Science Illustrated. 2010. The Superstarvers. *Science Illustrated*, julho/agosto 60–66.

Sharma, H. 1993. *Freedom from Disease: How to Control Free Radicals, a Major Cause of Aging and Disease*. Toronto: ON: Veda Publishing.

Somov, P. 2010. *The Lotus Effect: Shedding Suffering and Rediscovering Your Essential Self*. Oakland, CA: New Harbinger.

Spencer, C. 1996. *The Heretic's Feast: A History of Vegetarianism.* Hanover, NH: University Press of New England.

Stewart, I. 1998. *Life's Other Secret: The New Mathematics of the Living World.* New York: John Wiley & Sons.

Sullivan, S. 2001. *Living Across and Through Skins: Transactional Bodies, Pragmatism, and Feminism.* Bloomington: Indiana University Press.

Suzuki, S. 2010. *Zen Mind, Beginner's Mind.* Boston: Shambhala.

U.S. Department of Agriculture (USDA). 2011. www. choosemyplate. gov. Acesso: 10 dez. 2011.

Walford, R. 2000. *Beyond the 120 Year Diet: How to Double Your Vital Years.* New York: Four Walls Eight Windows.

Weil, A., e W. Rosen. 1983. *Chocolate to Morphine: Understanding Mind-Active Drugs.* Boston: Houghton Mifflin.

Weitzberg, E., e J. O. Lundberg. 2002. Humming Greatly Increases Nasal Nitric Oxide. *American Journal of Respiratory and Critical Care Medicine* 166(2):144–145.

Wilson, E. O. 1993. Biophilia and the Conservation Ethic. In *The Biophilia Hypothesis,* ed. S. R. Kellert e E. O. Wilson. Washington,

DC: Island Press.

Wood, J. 2000. *The Celtic Book of Living and Dying.* San Francisco: Chronicle Books.

Woolley, C. L. 1965. *The Sumerians*. New York: Norton.

World Time News Report. 2007. Major Biological Discovery inside the Chernobyl Reactor, a Fungus That Feeds on Radiation. 22 de setembro. www.wtnrradio.com/news/story.php?story=262. Acesso: 10 dez. 2011.

Zaehner, R. C. 1966. *Hindu Scriptures*. London: Everyman's Library.

Reinvente sua refeição foi composto nas fontes da família ITC Berkeley Oldstyle
para a Pioneira Editorial Ltda., em junho de 2014.